भ्रष्टाचार के खिलाफ जारी रहेगी अन्ना की जंग

I0081085

सुदर्शन भाटिया

डायमंड बुक्स

SMS New Hindi at 9911044500 for Alert

देश के लोगों की मांग है कि भ्रष्टाचार के खिलाफ एक मजबूत जन-लोकपाल कानून लाया जाए जिसके तहत जांच जल्दी पूरी हो, भ्रष्टाचारी जेल जाएं, उनकी सम्पत्ति जब्त हो और उन्हें नौकरी से निकाला जाए। क्या हम कुछ गलत मांग रहे हैं?

दो महीने तक बातचीत का दौर चला। सरकार भ्रष्टाचार के खिलाफ छोटे कदम भी उठाने को तैयार नजर नहीं आती। सरकार की नीयत साफ नहीं है। अन्य दलों के नेताओं से भी हम लोग मिल चुके हैं। सब कुछ करके देख लिया, लेकिन सरकार इसे मानने के लिए तैयार नहीं है।

अगर सरकार एक सख्त और स्वतंत्र लोकपाल नहीं लाती तो हम 16 अगस्त से आमरण अनशन पर बैठेंगे। इस पर हमें धमकी दी जा रही है कि हमें भी वैसे ही कुचल दिया जाएगा, जैसे बाबा रामदेव के शान्तिपूर्ण आंदोलन को बर्बरता से कुचला गया था।

साथियो! भ्रष्टाचार के खिलाफ जंग में अगर हम इस बार चूक गए तो दूसरा मौका पता नहीं कब आएगा। इस जंग में मैं और मेरे साथी हर तरह की कुर्बानी देने के लिए तैयार हैं। अगर वो (सरकार) हमें गिरफ्तार करेंगे तो हम खुशी-खुशी जेल चले जाएंगे। हम हंसते हुए लाठियां खाएंगे, पर हाथ नहीं उठाएंगे। वो हमारे

1

अन्ना का पत्र देशवासियों के नाम

जिन दिनों अपने आन्दोलन की घोषणा कर अन्ना हजारे लोगों को अपने साथ जोड़ने में जुटे थे, उन्होंने एक पत्र देशवासियों के नाम लिखा। इसे कुछ लोगों ने दूर-दूर तक पहुंचाने की जिम्मेदारी ली। अन्ना जी तथा टीम अन्ना चाहती थी कि उनकी बात अधिक-से-अधिक लोगों तक, देश के हर कोने में पहुंचे। वे चाहते थे कि 16 अगस्त, 2011 से आरम्भ होने वाला आन्दोलन सफल हो। वे इसे 'आजादी की दूसरी लड़ाई' मानकर चल रहे थे।

जहां तक स्वयं अन्ना जी की बात है, वे तो गांधीवादी हैं। फकीर हैं। मंदिर के एक कमरे में रहते हैं। अविवाहित हैं। अपना कोई परिवार नहीं। देश-भर के बच्चों को अपना मानते हैं। उनके अंदर सादगी, देशभक्ति, सत्यनिष्ठा तथा ईश्वर के प्रति आस्था कूट-कूटकर भरी हुई हैं। उन्होंने अपने साथ अपनी तरह के साफ छवि वाले लोग जोड़े हैं। उन्होंने आन्दोलन की तिथि 16 अगस्त, 2011 से बहुत पहले जो पत्र देशवासियों को लिखकर सहयोग मांगा था, वह यहां प्रस्तुत है।

अन्ना जी का पत्र

प्यारे देशवासियो!

भ्रष्टाचार के खिलाफ निर्णायक जंग शुरू हो चुकी है। हमारी लड़ाई किसी दल या नेता के खिलाफ नहीं है। हम सत्ता नहीं, व्यवस्था बदलना चाहते हैं। एक भ्रष्टाचार मुक्त भारत चाहते हैं।

अन्ना की दिव्य ज्योति

अप्रैल, 2011 में अन्ना हजारे ने जो हलचल, जागृति एवं चेतना जनमानस में पैदा की, उसका लेखा-जोखा अप्रैल में ही सुदर्शन भाटिया ने अपनी पुस्तक **'क्रांतिदूत अन्ना हजारे'** में दे दिया था। श्री सुदर्शन भाटिया का अन्ना हजारे पर वह प्रथम मौलिक प्रकाशन था, जिसकी सर्वाधिक सराहना हुई, फिर अगस्त, 2011 में अन्ना हजारे ने जो जंग जीती, वह इतिहास बन गई है। सुदर्शन भाटिया की प्रस्तुत पुस्तक अन्ना हजारे की इसी लड़ाई का विस्तृत लेखा-जोखा प्रस्तुत करती है। सम-सामयिक घटनाओं को संतुलित ढंग से समेटते हुए श्री भाटिया जी ने इस पुस्तक **'भ्रष्टाचार के खिलाफ जारी रहेगी अन्ना की जंग'** के रूप में एक और मील का पत्थर तय कर लिया है।

सुदर्शन भाटिया एक सजग परन्तु सहज लेखक हैं, जो घटनाओं के विभिन्न स्तरों पर होने वाली हलचलों, उनके पीछे संचारित होती भावनाओं तथा व्यक्तियों के अंतर्मन का अवलोकन मनोवैज्ञानिक स्तर पर करते हैं। सरकार ने चाहे जो भी दुष्प्रचार किया हो, परन्तु अन्ना टस से मस नहीं हुए। कोई कमजोर व्यक्ति होता तो सरकारी दबाव, बयानबाजी के आगे टूट सकता था, परन्तु अन्ना एक सच्चे सत्याग्रही थे...अपने विश्वास पर अडिग थे...उन्होंने संसद को भी अपना कार्यक्रम बदलने पर विवश किया। यह कोई सन्त-सिपाही...लोक देवता ही करवा सकता था। अनेक उतार-चढ़ाव आए...कभी पारा ऊपर, कभी नीचे लेकिन अन्ना नहीं हारे.. .। सुदर्शन भाटिया ने बहुत गम्भीरता से सारी घटनाओं एवं चरित्रों का आकलन कर वैज्ञानिक पद्धति पर यह पुस्तक रची है, जो अपार पाठक समूह तक अपनी महक फैलाएगी।

जीवन-चरित्र सदा हमें प्रेरित करते हैं। यह भी आवश्यक है कि इन जीवन-चरित्रों में सामग्री का चयन, प्रस्तुति एवं बाह्य साक्ष्य से पुष्ट हो। आदर्श का अवतरण पाठकों के लिए प्रेरणादायक होता है। महात्मा गांधी, जवाहरलाल नेहरू, इंदिरा गांधी, स्वामी विवेकानंद...आदि अनेक महापुरुषों के चरित्र भारतीय

मानस को स्पंदित एवं प्रेरित करते आए हैं। समकालीन सन्दर्भों में जयप्रकाश नारायण समग्र क्रांति के उद्घोष के बाद अन्ना हजारे मात्र ऐसे लोकनायक हैं जिन्हें जन-जन का समर्थन बिना मांगे मिला है। ऐसे महान व्यक्तित्व का जीवन-चरित्र लिखना अपने आप में उपलब्धि है। श्री सुदर्शन भाटिया अपनी तल्लीनता, तत्परता एवं मेधा के कारण साधुवाद के पात्र हैं तथा सभी जीवनी लेखकों के लिए एक सार्थक उदाहरण।

प्रस्तुत पुस्तक अन्ना के अगामी कार्यक्रमों की रूप-रेखा को भी प्रतिभाषित करती है। आशा है कि सुदर्शन भाटिया उन आगामी घटनाओं/पलों का लेखा-जोखा भी निरन्तर प्रस्तुत करते रहेंगे।

डायमंड बुक्स की पहल प्रशंसनीय है।

डॉ. सुशील कुमार फुल्ल
वरिष्ठ कथाकार एवं आलोचक
(पूर्व हैड एंड प्रोफेसर
हिन्दी विभाग, विश्वविद्यालय
पुष्पांजलि, राजपुर (पालमपुर)
हि.प्र.- 176061
094180-80088

2

सरकारी बिल खतरनाक अथवा नहीं?

अन्ना हजारे के आन्दोलन को बल देकर इसे अग्रसर करने में जुटी इंडिया अगेंस्ट करप्शन संस्था ने अन्ना हजारे के पत्र 'देशवासियों के नाम' के साथ ही जो विवरण दिया है, उसे उन्होंने साफ व स्पष्ट शीर्षक दिया– **'सरकारी लोकपाल बिल बहुत खतरनाक'**।

उन्होंने विवरण के साथ अन्ना जी के बिल तथा सरकारी बिल की तुलना हेतु एक तालिका भी प्रदर्शित की। उस तालिका में उन्होंने जिन 'बिंदुओं की तुलनात्मक जानकारी दी, वह भी आप अगले किसी अध्याय में पढ़ेंगे। उन्होंने तुलना की तालिका के नीचे जो आपसे पूछा, पहले उसे देखें...फिर विवरण को, जिसमें इंडिया अंगेस्ट करप्शन ने खतरनाक होने की बात कही।

पहले उनके दो प्रश्न

1. क्या आपको भी लगता है कि सरकारी लोकपाल बिल खतरनाक है?
2. क्या आप भी सरकारी लोकपाल बिल के खिलाफ हैं?

उन्होंने यहां तक कह दिया कि सरकारी लोकपाल बिल के पहले पन्ने की कॉपी लेकर उसे जलाएं और अपना सख्त विरोध जाहिर करें। साझे तौर पर संगठित होकर अपने स्थानीय विधायक और सांसद के पास जाएं और उन्हें भी सार्वजनिक स्थान पर सरकारी लोकपाल बिल की कॉपी जलाने को कहें।

ऐसा विवरण उन्होंने बाकायदा प्रकाशित कर वितरित किया। यह आप पर निर्भर करता था कि आप उनसे सहमत थे भी या नहीं। चूंकि वह समय निकल चुका है, आपने उनकी बात मानी या नहीं, हम यह नहीं पूछेंगे। 27 अगस्त को स्थिति बदल

ऊपर गोलियां चलाएंगे तो गोलियां खाकर जान दे देंगे, पर भागेंगे नहीं। हम हर तरह की कुर्बानी देने के लिए पूरी तरह तैयार हैं।

'अगर 16 अगस्त को अनशन करोगे तो कुचल दिए जाओगे' ऐसा उनका कहना है।

'जंतर-मंतर पर धारा 144 लगा देंगे' ऐसा उनका सोचना है।

पर मेरा कहना है—यदि 16 अगस्त को हर भारतवासी अपने काम से छुट्टी लेकर सड़क पर उतर आए, अपने घर के सामने, अपने मोहल्ले के चौराहे पर, पूरा देश यदि हाथों में तिरंगा झण्डा उठाकर 'भारत मां की जय' का नारा सड़कों पर लगाते हुए उतर आए तो उनकी पुलिस और लाठियां कम पड़ जाएंगी। हर आदमी अन्ना हजारे होगा। एक अन्ना हजारे को तो गिरफ्तार कर लेंगे, लेकिन क्या 120 करोड़ अन्ना हजारे को गिरफ्तार कर सकेंगे?

एक जंतर-मंतर पर तो धारा 144 लगा देंगे, क्या पूरे देश में धारा 144 लगाएंगे?

और...मैं आपको बता दूं कि भारतीय पुलिस और फौज के जवान भी हमारे साथ हैं। राजघाट के अनशन में कई पुलिस वालों ने हमें दान दिया। चौराहों पर रोककर ट्रैफिक पुलिस वाले हमें प्रोत्साहित करते हैं।

क्या 16 अगस्त (2011) से आप छुट्टी लेकर मेरे साथ सड़कों पर उतरेंगे?

इस बार देश को 15 अगस्त का नहीं, 16 अगस्त का इंतजार होगा।

आपका अपना
अन्ना हजारे!

अन्ना जी ने अपने पत्र के द्वारा जन-जन का समर्थन मांगा। उन्हें मिला भी। आंदोलन अंततः सफल हुआ। इसी अवसर पर श्री गोपाल कृष्ण विद्यार्थी की 6 पंक्तियां हम सबके लिए—

"अन्ना टोपी पहनकर झूम चुके दिन-रात,
सिर्फ समर्थन से नहीं बदलेंगे हालात।
बदलेंगे हालात बात को समझो भाई!
सारे छोड़ें आज से अपनी गलत कमाई।
काले धन से अगर चली जीवन की गाड़ी,
ले जाएगा वहीं, जहां पर है कलमाड़ी।"

इस तरह सरकारी लोकपाल कानून में पुलिस, प्रशासन, अस्पताल, शिक्षा, सड़क, उद्योग, पंचायत, नगर पालिका, वन विभाग, सिंचाई विभाग, लाइसेंस, पेंशन, रोडवेज जैसे तमाम विभागों के भ्रष्टाचार को जांच से बाहर रखा गया है।

प्रश्न उठता है कि आम आदमी इन विभागों में व्याप्त भ्रष्टाचार की शिकायत लेकर कहां जाएंगे?

इसी तरह देश की सभी समाजसेवी संस्थाएं, संगठन, जनांदोलन, नागरिक समूह—चाहे छोटे हों या बड़े, पंजीकृत हों या नहीं, गांव-गांव के स्तर तक सभी इसके दायरे में आएंगे।

इसका मतलब किसी गांव में यदि कुछ लड़के मिलकर पंचायत में भ्रष्टाचार उजागर करते हैं तो पंचायत का भ्रष्टाचार और भ्रष्टाचार करने वाले सरपंच, बीडीओ आदि लोकपाल के दायरे में नहीं आएंगे। उस भ्रष्टाचार के खिलाफ आवाज उठाने वाले लड़कों को लोकपाल गिरफ्तार कर सकता है।

रामलीला, दुर्गापूजन, मुहर्रम आदि आयोजित करने वाली सभी संस्थाएं मार्किट एसोसिएशन, व्यापार मंडल इसके दायरे में आएंगे।

हम इस बात से सहमत हैं कि संस्थाओं और संगठनों में भ्रष्टाचार व्याप्त है, लेकिन उनके भ्रष्टाचार पर अंकुश लगाने के लिए ट्रस्ट एक्ट, सोसायटी एक्ट, एफ. जी.आर.ए. आदि मौजूद हैं। लोकपाल कानून सरकारी भ्रष्टाचार पर अंकुश के लिए था, लेकिन अगर सभी नागरिक संगठनों को इसके दायरे में लाया जा रहा है तो सभी कंपनियों और मीडिया घरानों को भी इसके दायरे में क्यों न लाया जाए?

सरकारी लोकपाल बिल भ्रष्टाचारियों के चारों तरफ किला बनाकर उन्हें सुरक्षित करता है।

सरकारी लोकपाल के मुताबिक भ्रष्ट अधिकारियों को यह हक होगा कि शिकायतकर्ता के खिलाफ सीधे कोर्ट में मुकदमा दायर कर सकें कि शिकायतकर्ता द्वारा की गई शिकायत झूठी है। शिकायतकर्ता के खिलाफ कोर्ट में मुकदमा करने के लिए सरकार भ्रष्ट अफसर को मुफ्त वकील देगी। बेचारा शिकायतकर्ता अपने लिए वकील कहां से लाएगा?

शिकायत झूठी साबित होने पर शिकायतकर्ता पर दो वर्ष का न्यूनतम कारावास। दूसरी तरफ भ्रष्टाचार साबित होने पर भ्रष्ट अधिकारी पर न्यूनतम केवल छह महीने का कारावास।

इंडिया अंगेस्ट करप्शन संस्था ने पूछा है कि क्या आप सरकारी बिल से सहमत हैं?

क्योंकि आंदोलन तथा संघर्ष के परिणामस्वरूप स्थिति बदल गई है, इसलिए हमें उस दिन का इंतजार करना है, जब संसद जन लोकपाल को ठीक मानते हुए उस पर मोहर लगाती है अथवा अभी भी जमा-घटा होना शेष है।

चुकी है। इसलिए उनका आह्वान अब कल की बात, बीती बात..गुजरा जमाना ही कहलाएगा। हां, आपको पता तो होना ही चाहिए कि संघर्ष में क्या-क्या होता रहा, इसीलिए हम उनका दिया विवरण भी यहां प्रकाशित कर रहे हैं। यह इंडिया अगेंस्ट करप्शन के सौजन्य से समझिए। आप उनके विचारों के साथ कितने सहमत अथवा कितने असहमत रहे, यह भी हम नहीं जानना चाहते।

उन्होंने तत्कालीन सरकारी बिल को किस प्रकार खतरनाक कहा, उन्हीं के लिखित-प्रकाशित शब्दों में—

वे लिखते हैं :

ऐसा लगता है कि सरकारी बिल का उद्देश्य सरकारी भ्रष्टाचार को कम करने के बजाय भ्रष्टाचार के खिलाफ आवाज उठाने वालों को सबक सिखाना और उन्हें ठिकाने लगाना है।

जहां एक तरफ सरकारी लोकपाल बिल के दायरे में नाममात्र सरकारी अधिकारी आएंगे, वहीं दूसरी तरफ इसके दायरे में देश-भर की सारी समाजसेवी संस्थाएं और संगठन आएंगे, चाहे वे सरकार से फंड लेते हों अथवा नहीं। सवाल उठता है कि ये लोकपाल बिल आखिर है किसके लिए?

देश में केन्द्र और राज्य सरकारों में कुल मिलाकर सवा करोड़ कर्मचारी हैं। इनमें से केवल केन्द्र सरकार के अधीनस्थ 65,000 ग्रुप ए अधिकारी ही लोकपाल के दायरे में आएंगे। बाकी के कर्मचारी इसके दायरे में नहीं आएंगे।

भ्रष्टाचार के खिलाफ जारी रहेगी अन्ना की जंग

3

अन्ना का जन-लोकपाल तथा सरकारी लोकपाल बिल की तुलना

आपकी सुविधा के लिए सरकारी बिल तथा अन्ना के बिल–दोनों का तुलनात्मक अध्ययन यहां प्रस्तुत है।

सरकार ने जो लोकपाल बिल स्थायी कमेटी को भेजा, उस पर अन्ना तथा उनके व्यक्तियों को कैसा ऐतराज था?

अन्ना जी अपने जन-लोकपाल बिल को कैसे मजबूत कहते हैं तथा सरकारी बिल को कैसे कमजोर? किन कारणों से सरकार तथा अन्ना में गतिरोध हुआ, वे सब इस तुलनात्मक अध्ययन से स्पष्ट हो जाएगा।

27 अगस्त, 2011 को पार्लियामेंट में बहस के साथ भले ही स्थिति में परिवर्तन आ गया, पर मूल रूप से कहां-कहां पेच फंसे थे पेंच, यह सब इस तालिका से स्पष्ट हो जाएगा।

वास्तव में केन्द्रीय मंत्री कपिल सिब्बल तथा दो अन्य ने मध्य अप्रैल तक अन्ना जी को विश्वास दिला रखा था कि उन्हीं का जन-लोकपाल मंत्रिमंडल पार्लियामेंट, स्थायी कमेटी आदि के सामने रखा जाएगा। बाद में बात बदल दी गई और गतिरोध बढ़ता गया।

सरकारी लोकपाल और
जन-लोकपाल बिल में अंतर
(अन्ना जी की दृष्टि में)

बिंदु	सरकारी लोकपाल क्या कहता था	अन्ना के जन-लोकपाल में क्या था
प्रधानमंत्री का भ्रष्टाचार	प्रधानमंत्री अगर भ्रष्टाचार करे तो उसकी जांच सीबीआई करे, न कि लोकपाल।	सीबीआई तो प्रधानमंत्री के ही अधीन है। यह अपने आका के खिलाफ जांच कैसे करेगी। अगर सरकार को प्रधानमंत्री की जांच नहीं करवानी हो। सीधे-सीधे संविधान को संशोधित करके इन्हें जांच से बाहर कर दें। सीबीआई से जांच कराने का ढोंग क्यों करते हैं? अन्ना का कहना है कि लोकपाल स्वतन्त्र एजेंसी है, वह प्रधानमंत्री के भ्रष्टाचार की जांच करे।
जजों का भ्रष्टाचार	कोई जज रिश्वत ले तो उसी कोर्ट के तीन जजों की कमेटी उसकी जांच की अनुमति दें।	उसी कोर्ट के तीन जजों की कमेटी अपने ही बंधु जज के खिलाफ अनुमति कैसे देगी? अन्ना का कहना है कि इसकी अनुमति लोकपाल की सात सदस्यों की बेंच खुली सुनवाई करके दे।
सांसदों का भ्रष्टाचार	यदि कोई सांसद रिश्वत लेकर संसद में वोट डाले या प्रश्न पूछे तो उसकी जांच सांसदों की ही कमेटी द्वारा की जाए।	पिछले 62 वर्षों से सांसदों और विधायकों द्वारा रिश्वत लेकर वोट डालने के कई मामले सामने आए। आज तक किसी मामले में ईमानदार जांच नहीं हुई और न ही कोई जेल गया। सांसदों की समिति अपने ही सांसद भाई को जेल भेजेगी, ऐसा होने वाला नहीं है। अन्ना का कहना है कि इसकी जांच का जिम्मा स्वतंत्र लोकपाल के दायरे में हो।

भ्रष्टाचार के खिलाफ जारी रहेगी अन्ना की जंग

कदम-कदम पर रिश्वत-खोरी	आम आदमी किसी भी दफ्तर में कोई भी काम कराने जाता –जैसे राशन कार्ड बनवाना, विधवा पैंशन, लाइसेंस इत्यादि तो बिना रिश्वत उसका काम नहीं किया जाता। सरकारी बिल कहता है कि हर विभाग सिटीज़न चार्टर बनाएगा जिसमें लिखा होगा कि कौन अधिकारी क्या काम कितने समय में करेगा, लेकिन कोई अधिकारी यदि सिटीजन चार्टर की अवहेलना करता है तो क्या होगा? सरकारी बिल इसके बारे में खामोश है। यहां सवाल यह उठता है कि सरकारी अधिकारी सिटीजन चार्टर को क्यों मानेगा?	अन्ना का कहना है कि सिटीजन चार्टर की अवहेलना पर अधिकारी के खिलाफ लोकपाल दंड लगेगा, जो व्यक्ति को मुआवजे के रूप में दिया जाएगा।
लोकपाल के सदस्यों का चयन	●दस सदस्यों की चयन समिति में 6 नेता होंगे और उनमें भी 5 सत्ता पक्ष के सदस्य होंगे। (ऐसी समिति के जरिये तो सरकार अपने मनमाने भ्रष्ट और कमजोर व्यक्तियों को ही लोकपाल बनाएगी तो लोकपाल बनने से पहले ही सरकार ने उनकी कब्र खोद दी है) ●चयन की प्रक्रिया चयन समिति तय करेगी।	1. चयन समिति में दो नेता, 4 जज और दो संवैधानिक पदों पर आसीन व्यक्ति होंगे। 2. संवैधानिक पदों से रिटायर्ड लोगों की खोज समिति होगी, जो प्रथम चरण का चयन करेगी। 3. चयन की काफी विस्तृत प्रक्रिया लिखी गई है, जो पूरी तरह से पारदर्शी होगी और जिसमें जनता की पूरी भागीदारी होगी।

लोकपाल के सदस्यों की जवाबदेही लोकपाल के स्टाफ का भ्रष्टाचार	अपने स्टाफ के खिलाफ शिकायत लोकपाल खुद सुनेगा तो उसमें भाई भतीजावाद होगा। लोकपाल का स्टाफ भ्रष्टाचार का अड्डा बन जाएगा	जन-लोकपाल बिल में कहा गया है कि हर राज्य में एक शिकायत आयोग बने, जहां लोकपाल के स्टाफ के खिलाफ शिकायतों की एक महीने में जांच हो। दोषी पाए जाने पर उन्हें सीधे नौकरी से निकाल दिया जाए।
लोकपाल का दायरा और भ्रष्टाचार	लोकपाल के दायरे में केवल केन्द्र सरकार के ग्रुप ए के अधिकारी होंगे। नीचे के अधिकारी नहीं आएंगे। राज्य सरकार के अधिकारी भी इसके दायरे से बाहर होंगे, तो फिर आम आदमी कहां जाएगा? पंचायत का भ्रष्टाचार, सड़क का भ्रष्टाचार स्कूल/अस्पताल में भ्रष्टाचार की शिकायत के बिल केवल उच्च अधिकारियों के खिलाफ हैं जिनसे अमीरों का पाला पड़ता है।	जनलोकपाल के दायरे में केन्द्र सरकार के सभी अधिकारी हों। लोकपाल की तर्ज पर हर राज्य में लोकायुक्त बनाए जाएं जिसके दायरे में उस राज्य के कर्मचारी हों। आम आदमी भी किसी भी स्तर के भ्रष्टाचार की शिकायत लोकपाल या लोकायुक्त में कर सकेगा।
भ्रष्टाचार के खिलाफ शिकायत करने वालों का उत्पीड़न	सरकारी बिल के अनुसार इन्हें संरक्षण देने का काम सीबीसी करेगा। जिसके पास न साधन हैं और न ही कानूनी शक्तियां।	भ्रष्टाचार के खिलाफ लड़ने वालों के खुले आम कत्ल हो रहे हैं, झूठे मुकदमे दायर किए जाते हैं और इन्हें तरह-तरह से परेशान किया जाता है। उन्हें संरक्षण देने का काम लोकपाल का हो। इसके लिए लोकपाल को समुचित अधिकार होंगे।
भ्रष्ट अफसरों को नौकरी से निकालना	भ्रष्ट अफसर को नौकरी से निकालने का अधिकार किसका हो? सरकारी बिल के मुताबिक	मंत्री को तो अफसर उस विभाग के भ्रष्टाचार से हिस्सा मिलता है। भ्रष्ट अफसर को निकालने की बजाये मंत्री तो उस को इनाम देगा। जनलोकपाल बिल के मुताबिक भ्रष्ट

भ्रष्टाचार के खिलाफ जारी रहेगी अन्ना की जंग

	उसी विभाग का मंत्री ही भ्रष्ट अफसर को निकाल सकता है।	अधिकारी को निकालने का अधिकार लोकपाल की बैंच के हों, जो खुले में सुनवाई करके ये निर्णय लें।
भ्रष्टाचार के लिए सजा	अधिकतम सजा 10 वर्ष हो	अधिकतम सजा आजीवन कारावास हो। यदि व्यक्ति का पद ऊंचा हो तो सजा भी ज़्यादा हो।

जानकारी का स्रोत : इंडिया अगेंस्ट करप्शन।

यहां यह बताना जरूरी है कि इंडिया अगेंस्ट करप्शन ने यह सारा मसौदा तैयार कर लोगों तक, जन-जन तक पहुंचाने का काम किया। हम आशा करते हैं कि 16 अगस्त, 2011 के पहले की स्थिति, जो अपर तालिका में थी, अब 27 अगस्त, 2011 के बाद बदल चुकी है। एक नई तस्वीर जो सामने आने वाली है, अवश्य अधिक उज्ज्वल होगी।

यदि आप ऊपर दी गई तालिका के विषय में अथवा इसके अतिरिक्त कोई जानकारी या कोई स्पष्टीकरण चाहते हैं, तो स्थानीय और राष्ट्रीय स्तर पर 'इंडिया अगेंस्ट करप्शन' संस्था से संपर्क कर सकते हैं।

भ्रष्टाचार के खिलाफ जारी रहेगी अन्ना की जंग

स्थानीय संपर्क सूत्र

पालमपुर में : (अन्य नम्बर भी इनसे ले सकते हैं।)

1. श्री सुखदेव विश्व प्रेमी — 9418425543
2. श्री चंदन भारद्वाज — 9418462049
3. श्री विपिनचन्द्र — 9418231141
4. श्री मान सिंह कपूर — 9805062530
5. श्री राहुल सक्सेना — 9459530190

राष्ट्रीय स्तर पर अभियान से जुड़ने के लिए संपर्क सूत्र

022 61550789
(इंडिया अगेंस्ट करप्शन)।

यह विवरण प्रसारित करने वाले सूत्र

(लोकतांत्रिक आंदोलन को मजबूत करने के लिए)

- सामाजिक संगठनों का साझा मंच, पालमपुर।
- सामाजिक निगरानी मंच, हिमाचल प्रदेश।
- उन्होंने जो नारा दिया, वह यह है :
  पैसा हमारा-आपका,
  नहीं किसी के बाप का।

4

लोकपाल बिल ने पार की
42 वर्ष की आयु

आइए, जानते हैं अपने बहुचर्चित लोकपाल विधेयक के जन्म से लेकर अधेड़ आयु में पहुंचने तक की यात्रा। इन 42 वर्षों में लोकसभा तथा राज्यसभा के सम्मुख कितने ही विधेयक आए और हाथोहाथ पास होते रहे। महिला संरक्षण बिल जैसे दो-एक अध्यादेश जरूर लटके हैं, किंतु बाकी सब पारित होते ही रहे। अधिकतर बिल ध्वनि मत द्वारा ही पारित होते रहे। कुछेक में गुप्त मतदान भी हुआ और पास कर दिए गए, किन्तु लोकपाल बिल लटका हुआ है। अब यह नए रूप में नया नाम लेकर आने की तैयारी में है, जिसे नया नाम जन-लोकपाल मिलेगा।

यहां यह बताना जरूरी है कि इस आंदोलन में महंगाई तथा भ्रष्टाचार पर जनता के गुस्से का हाथ जरूर देखने को मिला, वरना इतना जन-समर्थन संभव न था।

आजाद भारत के पिछले 64 साल में अधिकांश अहम राजनीतिक करवटों की बुनियाद जनता को निचोड़ने वाली महंगाई तथा बढ़ते भ्रष्टाचार ने ही तैयार की थी।

1967 में कांग्रेस को चुनावों में झटका लगा, तब से अब तक महंगाई हर प्रमुख उथल-पुथल और परिवर्तन की अदृश्य नायक रही।

मानना पड़ेगा कि महंगाई देश की आर्थिक ही नहीं, राजनीतिक नसीहतों का भी एक महत्त्वपूर्ण अध्याय है और इसी से जुड़ी रही है लोकपाल अध्यादेश की मांग तथा जरूरत भी।

पिछले दो सालों में हुए घोटाले तथा लगातार बढ़ती महंगाई से भारत की जनता सचमुच त्रस्त है। यही गुस्सा अब फूट पड़ा जिसे सत्ता पक्ष ने पहली बार देखा। प्रधानमंत्री जब महंगाई दूर करने के लिए जादू की छड़ी न होने का तर्क देते हैं या

वित्त मंत्री प्रणव मुखर्जी महंगाई को मजबूरी बताते हैं, तो उसके गहरे राजनीतिक असर हुए। अन्ना का आंदोलन इसी कारण सफल भी हुआ।

दस बार पेश हुआ बिल

विपक्ष की नेता सुषमा स्वराज ने भी लोकपाल बिल की लम्बी यात्रा का जिक्र अपने 27 अगस्त, 2011 के अभिभाषण में किया। उन्होंने यह भी माना कि केवल कांग्रेस ही नहीं, उनकी एन.डी.ए. सरकार भी इस बिल को पास नहीं करवा पाने की दोषी है। उन्होंने कहा कि 1998 तथा 2011 में उनकी सकार ने सत्ता में रहकर कोशिश तो की, पर यह सिरे नहीं चढ़ी।

सुषमा स्वराज ने कांग्रेस पर चुटकी लेते हुए यह भी कहा–"जब बिल में प्रधानमंत्री को लेने तथा नहीं लेने का मुद्दा गरमाया तो तत्कालीन प्रधानमंत्री ने कहा–वह बिल के दायरे में आना चाहते हैं और उनकी पार्टी के सभी सदस्य सहमत हो गए...किंतु अब यूपीए में, कांग्रेस के प्रधानमंत्री डॉ. मनमोहन सिंह लोकपाल बिल के दायरे में आने की बात कह चुके हैं, किंतु उनकी पार्टी के सांसद उनके साथ सहमत नहीं।" इस समय विपक्ष की नेता ने चुटकी लेते हुए कहा–"यह अंतर है भाजपा के सांसदों तथा कांग्रेस के सांसदों में। हम अपने प्रधानमंत्री की बात तुरन्त मान गए, किंतु कांग्रेस के सांसद अपने नेता की बात मान ही नहीं रहे। ऐसे में कैसे बनेगा एक मजबूत लोकपाल बिल?"

जब सुषमा स्वराज के लम्बे भाषण के बाद कांग्रेस के एक नेता बोलने के लिए उठे तो उन्होंने जैसे पासा ही पलट दिया। उन्होंने भी चुटकी ली, कटाक्ष किया। सुषमा स्वराज से कहा–"बात सांसदों के मानने, न मानने की नहीं। यदि भाजपा वाले विधेयक पास करवा लेते तो मानते उनकी बहादुरी। ले-देकर यह कांग्रेस ही है, जो इस बिल को 1968 में शुरू करने तथा 2011 में पास कराने का श्रेय लेगी...आप देखते रहना।" और कांग्रेस सदस्यों ने डैस्क थपथपाकर वक्तव्य का स्वागत किया।

लोकपाल बिल की यात्रा

अब रुख करते हैं लोकपाल की यात्रा की ओर, जिसका जन्म 1968 में हुआ था। सन् 1968 से लेकर आज तक यह बिल दस बार पेश किया जा चुका है। कोई भी पार्टी इसे पास कराने को कभी गंभीर नहीं हुई, इसलिए हर बार यह रुकता रहा। लोकपाल बिल आ जाने से नेताओं की नकेल कसी जा सकती थी, उसी से सब

भयभीत थे। बिल पर बहस होती रही। चर्चाएं गरमाती रहीं और फिर यह डाल दिया जाता रहा ठंडे बस्ते में।

किसी-न-किसी वजह से लोकपाल विधेयक को कानून का दर्जा नहीं मिला। अब वह बात नहीं, जो पहले थी। इस सम्मानीय बिल की जो दुर्दशा होती रही, अब नहीं होने वाली। इसका श्रेय अन्ना जी को ही जाता है। जबकि अन्ना जी इसका श्रेय स्वयं न लेकर पूरे भारत की जनता को, यहां के वृद्धों, युवकों तथा बच्चों को देते हैं।

यह अन्ना के महाआंदोलन अथवा महासंग्राम का ही असर रहा है कि 27 अगस्त (शनिवार) को दोनों सदनों के अधिकतर सांसदों ने जोर दिया कि इस बार बिल को एक ठोस शक्ल देकर पास कर ही दिया जाना चाहिए।

संसद में सबसे पहला लोकपाल अध्यादेश 1969 में लोकसभा में पेश किया गया। इसे पेश करने वाले थे मोरारजी देसाई, जो बाद में (1977-79) में देश के प्रधानमंत्री भी रहे। उन्होंने ही इसे पेश किया पहली बार—42 वर्ष पहले।

आप जानकर चकित होंगे कि 1969 में मोरारजी देसाई द्वारा पहली बार पेश किया गया बिल लोकसभा ने पास भी कर दिया था, किंतु राज्यसभा नहीं मानी। वहां बिल पर सहमति नहीं बन पाई। यदि यह बिल उस समय पास हो जाता तो आज इसकी आयु 42 वर्ष होती तथा भ्रष्टाचारी हर वर्ष अंदर कर दिए जाते। एक-दो वर्षों में ही सबको होश आ जाता और भ्रष्टाचार अपने पांव नहीं जमा पाता। अन्ना जी को भी आज यह संघर्ष न करना पड़ता। देश की वह दुर्दशा न होती, जो आज है। हमारे देश का अरबों-खरबों रुपया विदेशी बैंकों में, विदेश की तिजोरियों में कैद न पड़ा रहता।

बाद में जिन वर्षों में यह बिल पुन: सदन में पेश हुआ, वे वर्ष हैं–1971, 1977, 1985, 1989, 1998, 2001, 2005 और फिर 2008।

मतलब यह कि लोकपाल बिल कुल 9 बार उच्च सदन की दहलीज पार कर अनुनय-विनय करता रहा, लेकिन हर बार सहमति नहीं बन पाई । नहीं पास हो पाया यह बिल।

अन्ना का आंदोलन

2008 के बाद 2011 में अन्ना ने इस बिल को कुछ नया रूप तथा नया नाम दिया। यह है 'जन-लोकपाल'।

अन्ना के आह्वान पर भारत सरकार ने लोकसभा के मानसून सत्र (2011) में इसके शुरुआती हफ्ते में ही एक नया बिल बनाकर पेश कर दिया। अन्ना के अप्रैल प्रथम सप्ताह के अनशन का यह परिणाम है, किंतु इसका प्रारूप पूरी तरह सरकारी होने के कारण अन्ना टीम ने इसे रिजैक्ट कर, अपने द्वारा बनाए बिल को पेश करवाने का अभियान शुरू कर दिया। अप्रैल से अगस्त तक अन्ना जी तथा उनके सहयोगी इसी काम में दिन-रात एक करके जुटे रहे।

लोकपाल बिल पर दसवीं बार कोशिशें शुरू हो गईं। इस बार सरकार को विवश कर दिया गया कि वह सारे काम छोड़कर इस बिल को परिणति तक पहुंचाए, फिर भी इसमें किंतु-परन्तु, ना-नुकर, टांगें खींचना, पीठ पीछे छुरा घोंपना आदि जारी रहा, जिसने पूरे देश में एक बहुत बड़ा जन-आंदोलन खड़ा कर दिया।

बिल पर संसद में सहमति नहीं बन पाई, पर इसे रास्ते में छोड़ा नहीं जा सकता था। रास्ता निकला। इसे संसद की स्थायी समिति को भेज दिया गया।

अन्ना हजारे के 16 अगस्त के अनशन पर बैठने के बाद 27 अगस्त (शनिवार) को उनकी तीनों शर्तों के साथ लोकपाल पर एक बार फिर लम्बी बहस हुई।

वित्तमंत्री प्रणव मुखर्जी ने बहस के जवाब में सदन में साफ संकेत दिया कि इस बार भले ही थोड़ा वक्त क्यों न लग जाए, लेकिन लोकपाल बिल को कानूनी शक्ल दे दी जाएगी।

यहां यह भी कहना जरूरी है कि पं. जवाहरलाल के जमाने में, 1962 से 1967 के बीच भी अभिषेक मनु सिंघवी के पिता डॉ. सिंघवी ने लोकपाल बिल को लाने के लिए बहुत प्रयत्न किए, जो काम नहीं आ पाए, फिर भी आधार जरूर बना। आप उसे लोकपाल विधेयक की गर्भावस्था कह सकते हैं, जहां यह अंदर-ही-अंदर पनपता भी रहा।

5

अन्ना की कोई राजनीतिक महत्त्वाकांक्षा नहीं

जन-लोकपाल टीम के प्रमुख सदस्य श्री अरविंद केजरीवाल ने दैनिक जागरण को जो बातें कहीं, उनसे इस जन-आंदोलन, इसके नेता अन्ना जी, उनकी टीम तथा भावी योजनाओं की सुन्दर झलक मिल जाती है। किसी भी प्रकार की शंका नहीं रहती।

उन्होंने एक प्रश्न के उत्तर में अपने विषय में कहा कि उनकी अपनी कोई राजनीतिक महत्त्वाकांक्षा नहीं। ऐसा उनके विभिन्न अवसरों पर दिए गए वक्तव्यों से भी स्पष्ट हो जाता है।

यहां हम जन-जन तक वे विचार पहुंचाने के इच्छुक हैं, जो श्री केजरीवाल ने कहे। 28 अगस्त को दिए उनके साक्षात्कार को साभार यहां प्रस्तुत कर रहे हैं। समाचार पत्र ने इसे शीर्षक दिया है–'तंत्र के मन में जन का खौफ पैदा हुआ'।

पूरी प्रश्नोत्तरी इस प्रकार है :

अन्ना हजारे का अनशन समाप्त हो गया, लेकिन आंदोलन अभी जारी है। अन्ना हजारे के बेहद करीबी व सिविल सोसायटी के सदस्य अरविंद केजरीवाल जन-लोकपाल विधेयक के लिए हो रहे आंदोलन को लोकतंत्र में मील का पत्थर मानते हैं। उनका मानना है कि इससे तंत्र के मन में जन का खौफ पैदा होगा।

विशेष संवाददाता मुकेश केजरीवाल के साथ उन्होंने आंदोलन व उसके भविष्य से जुड़े सवालों पर खुलकर बात की। प्रस्तुत हैं चर्चा के प्रमुख अंश–

प्रश्न : आंदोलन का देश के राजनीतिक विमर्श पर क्या असर पड़ता देख रहे हैं?

उत्तर : अन्ना का यह आंदोलन जनतंत्र की जड़ों को बेहद गहरा करेगा। यह पहला मौका है, जब किसी कानून पर इतने व्यापाक स्तर पर चर्चा हुई है। जन-जन के बीच से इसकी मांग उठी है। यह आंदोलन भले ही एक बिल की मांग को लेकर था, लेकिन आप देख सकते हैं कि इसी ने देश के करोड़ों लोगों को भ्रष्टाचार को सीधी चुनौती देने की ताकत दे दी है। तंत्र के मन में जन का खौफ पैदा किया है। इसने यह भी दिखाया है कि हमारी मौजूदा व्यवस्था में गंभीर खामियां हैं।

सिर्फ पांच साल में एक बार आपने वोट डाल दिया और जिम्मेदारी खत्म। यह ठीक नहीं। सतत भागीदारी चाहिए। संसद सिर्फ चुनाव में ही जनता की क्यों सुनेगी? हर कानून बनने से पहले क्यों नहीं गांवों की ग्राम सभा और शहरों की मोहल्ला सभा से सलाह ली जाए। जनता को डेली बेसिस पर शामिल किया जाना चाहिए।

प्रश्न : अनशन पर बैठे अन्ना को अपने उद्देश्य में कहां तक कामयाब माना जा सकता है?

उत्तर : आंदोलन ने सिर्फ एक और चरण पूरा किया है। पहला चरण था 5 अप्रैल, 2011 का अनशन। दूसरा चरण था साझा मसौदा समिति। तीसरा चरण रामलीला मैदान पहुंचना। अब चौथा चरण पूरा हुआ संसद में प्रस्ताव पारित होने से।

प्रश्न : आगे किस तरह चलेगा आंदोलन?

उत्तर : अन्ना ने साफ कर दिया है कि जन-लोकपाल बिल पारित होने तक यह आंदोलन चलता रहेगा। हमारी कोर कमेटी की बैठक होगी और आगे की रूप-रेखा तय की जाएगी। अन्ना ने यह भी साफ कर दिया है कि यह आंदोलन सिर्फ जन-लोकपाल तक सीमित नहीं रहने वाला। इसके अलावा हम चुनाव सुधार, न्यायिक सुधार और सत्ता के विकेन्द्रीकरण पर भी लड़ेंगे। इन मुद्दों को लेकर हम जनता के बीच बने रहेंगे।

प्रश्न : विरोधियों का कहना है कि आप जनतंत्र को भीड़तंत्र में तब्दील कर रहे थे?

उत्तर : जनता अगर इकट्ठी होकर किसी भावना की अभिव्यक्ति करे तो उसे भीड़तंत्र कहना कहां तक उचित है! क्या जनतंत्र का मतलब ही जनता की अधिकतम् सहभागिता नहीं? क्या जनता शांतिपूर्ण और कानूनसम्मत तरीके से लोकतांत्रिक मूल्यों के लिए अपनी आवाज नहीं उठा सकती?

प्रश्न : सरकार तो कह रही थी कि आप कनपटी पर अनशन की बंदूक सटाकर बिल पास करवाना चाहते हैं?

उत्तर : अनशन का फैसला अन्ना ने कोई शौक से नहीं लिया था। 74 साल के एक बुजुर्ग को इसके लिए मजबूर होना पड़ा। 42 साल से तो जनता इस तंत्र से उम्मीद लगाए बैठी ही थी कि वह खुद कुछ करे। कम-से-कम दस महीने से अन्ना ने अनेक बार प्रधानमंत्री मनमोहन सिंह और यूपीए अध्यक्ष सोनिया गांधी को पत्र लिख-लिखकर मांग की। मगर सरकार ने जैसे आंख, कान बंद कर लिए थे। भ्रष्टाचारियों को यह देश कब तक खुली लूट की छूट देता रहेगा?

प्रश्न : लेकिन कानून बनाने का काम तो संसद को दिया गया है?

उत्तर : ऐसा कहने वालों को अपनी सोच और उसकी दिशा के बारे में फिर से विचार करना चाहिए।

क्या कानून बनाने का काम सिर्फ कुछ मुट्ठी-भर लोगों के हाथ में सीमित रखना असली लोकतंत्र है?

हम कहते हैं कि असली लोकतंत्र तो वह है जिसमें कानून बनाने से पहले उस पर चर्चा हर गली-मोहल्ले में हो। जैसा जनता चाहती है, वही कानून बने, लेकिन हो क्या रहा है, राय लेना तो दूर, वे उनकी भावनाओं के बारे सोचते भी नहीं, बल्कि पार्टी हाईकमान के इशारे पर नाचते हैं।

इसका ताजा उदाहरण है जब वित्तमंत्री प्रणव मुखर्जी ने लोकपाल साझा मसौदा समिति के अध्यक्ष के नाते राज्यों के मुख्यमंत्रियों से छह मुद्दों पर राय मांगी थी। हमें यह देखकर शर्म आ रही थी कि कांग्रेस शासित राज्यों ने बाकायदा पत्र लिखकर कहा कि जैसा पार्टी हाई कमान कहेगा, वही करेंगे। यहां तक कि कुछ माननीय मुख्यमंत्रियों ने तो सीधा यही लिखा कि हम पार्टी हाईकमान की राय से अलग सोच भी कैसे सकते हैं।

क्या मुख्यमंत्रियों का फर्ज सिर्फ उस पार्टी की हाईकमान के प्रति ही है, अपने राज्य की जनता के प्रति नहीं?

प्रश्न : आपने एक मसौदा रखा और कहा कि एकमात्र यही रास्ता है...?

उत्तर : हम सब जनता का यह हक है कि अपने मुताबिक सरकार को चलाने के लिए दबाव बनाए। हमने कभी नहीं कहा कि हमारे मसौदे में कोई बदलाव नहीं हो सकता। हमने जगह-जगह और तरह-तरह से जनता की राय ली। दस बार हमने अपने प्रारूप बदले, फिर भी अप्रैल में जब अनशन किया था तो यही शर्त थी कि बैठकर मसौदे पर चर्चा करें, मगर सरकार की नीयत ठीक नहीं रही। सात बैठकों

तक छोटे मसलों पर बात करते रहे, फिर एकाएक मेज उछाल दी। कहा, बैठक खत्म। सार्वजनिक तौर पर बहस कर लें।

प्रश्न : क्या यह सही है कि आपका आंदोलन नेताओं के खिलाफ है?

उत्तर : आंदोलन के दौरान बहुत से लोग बहुत तरह की बातें बोलते हैं। हो सकता है कि एक-दो लोगों ने राजनेताओं और राजनीतिक दलों के बारे में ऐसी टिप्पणी की हो, लेकिन आंदोलन के नेतृत्व ने कभी ऐसा नहीं कहा कि सभी नेता बेईमान हैं।

प्रश्न : आंदोलन के दौरान नेतृत्व कर रही कोर कमेटी में सार्वजनिक तौर पर मतभेद दिखे। ऐसा लग रहा था कि आप सबसे हार्ड लाइनर हैं?

उत्तर : यह कुछ जड़ या स्थिर विचार वाले लोगों का समूह नहीं है। जब भी हमने बैठक की, मिलकर आम राय से फैसले किए। आंदोलन के दौरान हर वक्त कुछ नया और अहम हो रहा था, तो संभव है कि किसी नई परिस्थिति पर अलग-अलग विचार हो। न तो किसी के बोलने पर रोक थी, न ही एक जैसा बोलने का कोई आग्रह।

प्रश्न : आपके विरोधी कहते हैं, आपने अन्ना का इस्तेमाल किया है?

उत्तर : (ठहाका लगाते हुए) अन्ना तो देश-भर के हैं। जो चाहे देशहित में उनका लाभ ले लें।

प्रश्न : आपकी राजनीतिक महत्त्वाकांक्षाएं तो होंगी ही?

उत्तर : हम सब राजनीति में तो हैं ही। यह पूरा आंदोलन राजनीतिक है। हां, दलगत राजनीति का कोई इरादा कतई नहीं है। न ही कोई राजनीतिक महत्त्वाकांक्षा है... मतलब अन्ना की तो बिल्कुल भी नहीं।

6

अन्ना की तुलना महात्मा गांधी से

कुछ ज्योतिषियों, न्यूमेरोलॉजी के जानकारों तथा शरीर विज्ञान से जुड़े लोगों, इतिहासकारों ने अपने-अपने ढंग से अन्ना हजारे की शानदार सफलता से प्रभावित होकर उनकी तुलना गांधी जी से करनी शुरू कर दी है। अपने ज्ञान को ध्यान में रखकर उन लोगों ने बहुत-सी समानताएं ढूंढ़ निकालीं और उन्हें महात्मा गांधी जैसा स्थापित करने में सफलता पाई है।

उधर शिमला के ऐतिहासिक गेयरी थियेटर में करीब तीन घंटे तक चले एक सम्मेलन में न्यायाधीश, शिक्षाविद् उपस्थित रहे। 28 अगस्त के इस कार्यक्रम में अन्ना जी के अनशन का मुद्दा छाया रहा। सैकड़ों छात्र-छात्राओं के अतिरिक्त हाई कोर्ट के मुख्य न्यायाधीश एवं दो अन्य न्यायाधीश भी पूरे तीन घंटे मौजूद रहे। राज्य और केन्द्र के कई वरिष्ठ अधिकारी तथा शिक्षाविद् उपस्थित रहे।

इस सम्मेलन का आयोजन ठीक उस दिन किया गया, जिस दिन दिल्ली के रामलीला मैदान में अन्ना हजारे ने अपना अनशन खोला था। इस सम्मेलन का आयोजन राज्य लीगल ऑथोरिटी के साथ पब्लिक रिलेशन सोसायटी और सेवा ट्रस्ट ने किया। आयोजन में प्रदेश, भाषा एवं संस्कृति विभाग ने भी अपना सहयोग दिया। दिन-भर देश-प्रदेश के विभिन्न नगरों-गांवों से अन्ना जी की सफलता का जश्न मनाने के समाचार भी आते रहे।

गांधीवादी अन्ना हजारे के 12 दिन के अनशन से प्रभावित बहुत-से विद्यार्थी जहां इस आंदोलन की सफलता मे झूम रहे थे, वहीं चंद छात्रों ने अन्ना के आंदोलन पर प्रश्नचिह्न भी लगाए। इतना ही नहीं, देश की संस्कृति पर पाश्चात्य सभ्यता के बढ़ रहे प्रभाव को लेकर भी सम्मेलन में चर्चा हुई।

कुछ विशेषज्ञ इस पक्ष में नहीं थे कि अन्ना हजारे की तुलना राष्ट्रपिता महात्मा गांधी से की जाए मगर कुछ लोग मुखर होकर इस तुलना को ठीक मान रहे थे। समाजसेवी तथा गांधीवादी अन्ना ने शांतिपूर्ण ढंग से अपना आंदोलन भली प्रकार खड़ा करके पूरे विश्व को एक नई राह दिखाई, इसलिए उनकी समानता महात्मा गांधी से करना उचित है, ऐसा भी कहने वाले मौजूद थे।

भांति-भांति के लोग भांति-भांति के विचार पाले रहते हैं। सम्मेलन में एक विशेषज्ञ ने कुछ ऐसा भी कह दिया जिससे सभामंडल में वाद-विवाद भी उठ खड़ा हुआ था। उनका कड़ा रुख था। उस विशेषज्ञ ने एक चिन्गारी-सी जलाकर रख दी। उन्होंने विद्वानों के सम्मुख कह ही दिया– 'भूखे रहने को तपस्या या अनशन के साथ नहीं जोड़ा जाना चाहिए।'

उस विशेषज्ञ ने अपनी बात को यहीं खत्म नहीं किया। गेयरी थियेटर में उन्होंने यहां तक कह दिया– 'भूखा तो भिखारी भी रहता है, उस भूखे रहने वाले भिखारी को हम तपस्वी या महान व्यक्ति की श्रेणी में शामिल कैसे कर सकते हैं?'

कुछ विद्यार्थी ऐसे विचारों को सुनकर तिलमिला उठे। उनमें से कुछ ने कह दिया–'भिखारी तो अपने कर्मों तथा काम न करने की इच्छा के कारण भूखा रहता है, जबकि महान व्यक्तित्व के स्वामी अन्ना हजारे के सम्मुख ऐसी कोई विवशता या मजबूरी नहीं रही थी। यदि अन्ना चाहते तो घर बैठकर बड़े आराम के साथ, आराम की सुखी जिन्दगी जी सकते थे, लेकिन देश के लिए, हमारे पूरे समाज के लिए उन्होंने सराहनीय त्याग किया। उन्होंने देश तथा समाज की व्यवस्था सुधारने, इसे पटरी पर लाने के लिए जो संघर्ष किया, उसे तो नमन करना ही चाहिए। जो लोग उन्हें भूखे रहने वाले भिखारी से जोड़ना चाहते हैं, हम उनसे बिल्कुल भी सहमत नहीं।'

अधिकतर विद्वान, विशेषज्ञ, समाज सेवी अपने मत को सभी लोगों तक पहुंचाने के लिए प्रयत्नरत थे। उनका कहना था कि जब तक लोगों में नैतिकता और ईमानदारी नहीं बढ़ेगी, तब तक कोई भी कानून किसी भी अपराध को खत्म करने में सफल नहीं हो सकता।

उनका कहना था कि आज देश में हत्या, लूटपाट और चोरी आदि को रोकने के लिए बहुत-से कानून मौजूद हैं। ऐसा होने पर भी अपराध होते जा रहे हैं। वे कानून या तो ढंग से लागू नहीं किए जाते या वे भी अपराधों को रोकने में नाकाफी हैं। यह एक चिंता का विषय है।

अब माना जाने लगा है कि इन अपराधों पर तभी रोक लग सकती है, जब इसके लिए लोगों में नैतिक साहस पैदा हो। ऐसा भी कहा गया कि लोकपाल विधेयक के कानून पर भी यदि सही ढंग से अमल नहीं किया गया तो यह नया विधेयक भी अन्य

कानूनी किताबों की तरह किसी अलमारी में सजा पड़ा, हम सबको आंखें फाड़-फाड़कर देखेगा और हमारी नासमझी पर आंसू बहाने पर विवश हो जायेगा।

कुछ प्रश्न ऐसे भी पूछे गए, जो सबका ध्यान अपनी ओर आकर्षित कर रहे थे। पूछा गया कि भारतीय संस्कृति पर पाश्चात्य संस्कृति के प्रभाव को लेकर पूछे गए सवालों के जवाब में विशेषज्ञ अपनी बात से संतुष्ट कर सके थे। उनका उत्तर था कि अंग्रेजों की सोची-समझी साजिश के तहत भारतीय सभ्यता और संस्कृति पर पाश्चात्य संस्कृति को हावी बनाने की चाल चली गई थी। इसका गहरा असर हुआ। वह असर आज भी हमारे जीवन पर देखा जा सकता है।

उत्तर में यह भी कहा गया कि इस संबंध में लॉर्ड मैकाले द्वारा सन् 1835 में ब्रिटिश सरकार को भारत के बारे में दिए गए एक नोट को भुलाया नहीं जा सकता।

आगे कहा गया–'इस नोट में लॉर्ड मैकाले ने लिखा था कि भारत सांस्कृतिक दृष्टि से समृद्ध और धन-धान्य से भरपूर देश है...अंग्रेजों के लिए इस देश पर विजय पाना तब तक संभव नहीं होगा, जब तक हम इनकी सांस्कृतिक रीढ़ को नहीं तोड़ देते।'

लॉर्ड मैकाले ने अपने नोट में इतना तक कह दिया, 'इस देश में मुझे न तो कोई बेईमान दिखाई दिया और न ही कोई भिखारी।'

लॉर्ड मैकाले के इन्हीं विचारों को आधार बनाया ब्रिटिश सरकार ने। इन्हीं विचारों के आधार पर बाद में अंग्रेजों ने भारत में ऐसी शिक्षा पद्धति लागू की, जिसकी वजह से इस देश के लोग अंग्रेजों के सामने स्वयं को हीन मानने लगे और हम बना दिये गए गुलाम।

गेयरी थियेटर में उपस्थित विद्यार्थियों, जजों, शिक्षकों, अधिकारियों ने अन्ना हजारे की जीत पर खुशी मनाई तथा उन्हें महात्मा गांधी का-सा व्यक्तित्व भी बताया।

क्या अन्ना स्वयं को मानते हैं गांधी?

अन्ना हजारे ने स्वयं को गांधी जी का भक्त, उनका अनुयायी ही माना, गांधी तो कभी भी नहीं। जो लोग अन्ना जी की गांधी जी से तुलना करते हैं, उनके लिए वे स्वयं कहते हैं– 'ऐसा मत करें। मत कहें। मैं तो गांधी जी की धूल भी नहीं। उनकी समानता करना तो दूर की बात है।'

अत: हमें अन्ना जी की गांधी जी के साथ तुलना करना बंद कर देना चाहिए। अन्ना जी के विचारों तथा कार्यों की सराहना करते हुए उनके बताए मार्ग पर चलते जाना चाहिए। अन्ना लिखी टोपी पहनकर कोई अन्ना नहीं हो सकता, ऐसा भी उन्होंने कहा था। अत: हम उनके द्वारा स्थापित आदर्शों को अपनाएं, इसी से उन्हें भी प्रसन्नता होगी।

7

कोई कांटों पर सोया तो किसी ने दे दी जान

अन्ना का जन-लोकपाल लाने का ऐसा जबरदस्त आह्वान बन गया था कि लोग उनका नाम सुनते ही झुकने लगे, नतमस्तक होने लगे। उन्हें न अपने प्राणों का मोह रहा, न ही सुख-चैन की चिंता। लगातार वर्षा में, भीगे हुए मैदान में, शामियानों से गिरते पानी में वे दिन और रात, बारह-तेरह दिनों तक जमे रहे, डटे रहे, नारे लगाते रहे। न गर्मी से विचलित हुए और न बारिश में भीगने से। उन्हें न खाने की सुध थी, न सोने की। घर-बार छोड़कर दूर-दूर से पहुंचे थे ये अन्ना के दीवाने।

चाहे दिल्ली का रामलीला मैदान हो या देश का कोई भी हिस्सा- नारे, रैलियां, भजन, गीत कहीं अनिश्चित भूख हड़ताल तो कहीं क्रमबद्ध अनशन चलते रहे। उन्हें विश्वास हो गया था कि अन्ना हजारे दूसरी आजादी की लड़ाई जीतकर रहेंगे। 74 वर्षीय वयोवृद्ध का अपना तो कोई स्वार्थ था ही नहीं, यही बात हर बच्चे, बड़े और नर-नारी को प्रभावित कर उनकी ओर आकर्षित किए जा रही थी। वे उनके एक संकेत पर प्राण न्यौछावर करने को तैयार थे।

अन्ना ने स्पष्ट कहा था कि पूरा-का-पूरा आंदोलन अंहिसात्मक चले। लोगों ने इस बात को पल्ले से बांध रखा था। कोई झगड़ा नहीं...कोई तोड़-फोड़ नहीं...किसी को कोई नुकसान नहीं और ..सफल बना दिया आंदोलन को।

यहां हम आपको कुछ ऐसी घटनाएं बता रहे हैं, जहां अन्ना भक्त लोगों ने किसी को भी कोई कष्ट दिये बिना अन्ना मार्ग को भक्ति भाव से अपनाया। अपने शरीर को भले कष्ट दिया हो, अपनी जान पर भले ही खेल गए हो, किंतु किसी और को जरा भी आंच नहीं आने दी। ऐसे ही अन्ना के दीवानों की कुछ जानकारियां प्रस्तुत हैं :

कांटों का बिस्तर

घटना नवाबों की नगरी लखनऊ की है। जहां की नजाकत विश्व प्रसिद्ध है। पहले आप, पहले आप के साथ दूसरों को रास्ता देने वाले लोग इसी नगरी की देन हैं। भीड़ कितनी भी हो, जल्दी भी हो तो भी दूसरों का ध्यान रख, रास्ता देना आता है लखनऊ के लोगों को। आज की भागमभाग की जिंदगी में भी यह मुहावरा सुनने को मिल ही जाता है।

लखनऊ से लगभग 300 किलोमीटर दूर है भगवान कृष्ण की नगरी मथुरा। इसी जिले के एक युवा किसान ने अपने लिए कांटों का बिस्तर तैयार किया। जब उस युवक को अन्ना के आंदोलन की जानकारी मिली तो वह पिछले 10 घन्टों से उस कंटीली सेज पर सो रहा था, किंतु उसके चेहरे पर पूरा संतोष था। मन शांत था। कांटों से होने वाली पीड़ा भी उस युवक को विचलित नहीं कर रही थी।

मथुरा के तरौली गांव के रहने वाले इस युवक की आयु 25 वर्ष है। नाम है सत्यनारायण। पता नहीं उसे यह सहनशीलता सत्य के बल पर मिली थी या नारायण की कृपा से, मगर उसने यह अनोखा तरीका अपनाकर बता दिया कि वह स्वयं तो कष्ट झेल सकता है, किंतु किसी और को कष्ट नहीं दे सकता, उसे तो अन्ना के अनशन को, उनके आंदोलन को समर्थन देना था, यही मन का भाव था।

सत्यनारायाण ने कोसीकलां में कांटों से बिस्तर बनाया और मैं भी अन्ना, तू भी अन्ना के नारे लगाते हुए उस कांटों की सेज पर जा लेटा। 26 अगस्त, 2011 को वह इस बिस्तर पर लेट गया था। उसने वहां इकट्ठी भीड़ को बताया–'मैं पिछले 10 घंटों से कांटों पर लेटा हूं। जब तक संभव होगा, मैं इस कंटीली सेज को नहीं छोड़ूंगा।'

उसने यह भी बताया–'मैं अन्ना के अनशन समाप्त करने तक केवल गरम पानी ही पीता रहूंगा। इसके अलावा कुछ भी नहीं खाऊंगा।'

सत्यनारायण ने यह भी कहा कि कांटों भरी सेज पर लेटना सरल नहीं, यह बहुत दुखदायी है, किंतु मुझे अपने गिरते स्वास्थ्य की फिक्र नहीं। राष्ट्र के कल्याण का अभियान चला रहे अन्ना के समर्थन में मैंने इस पीड़ा को सहने का फैसला किया है।

युवक सत्यनारायण ने कोसी कलां के महात्मा गांधी पार्क को अपने विरोध-प्रदर्शन स्थल के रूप में चुना। मथुरा के विभिन्न गांवों से ग्रामीण महात्मा गांधी पार्क पहुंच रहे थे। इनमें भी किसान तथा खेतिहर मजदूर अधिक थे।

ठीक उसी समय एक आठ वर्षीय लड़की आगे आई। एक पत्थर पर खड़ी होकर जोर-जोर से नारे लगाने लगी–'मैं भी अन्ना, तू भी अन्ना...पूरा देश है

अन्ना।' और वहां खड़े पचास लोगों ने उस छोटी लड़की के स्वर में स्वर मिलाया।

ऐसे कई नजारे देखने को मिले थे अन्ना के इस आंदोलन में!

जन-लोकपाल बिल की देरी ने ली महिला की जान

जन-लोकपाल के पास होने में हो रही देरी ने एक महिला की जान ले ली। अनशन पर हीला-हवाली से दुखी होकर अन्ना के प्रशंसक तथा समर्थक एक महिला ने अपनी जान दे दी। वह तो चली गई...और बाद में खुल गया बिल पास होने का रास्ता भी।

महाराष्ट्र के सांगली जिले की मिराज तहसील में एक महिला ने सामाजिक कार्यकर्ता अन्ना हजारे के जन-लोकपाल विधेयक पारित कराने की मांग को पूरा करने में हो रही हीला-हवाली और बढ़ती महंगाई से दुखी होकर 26 अगस्त, 2011 की शाम आत्महत्या कर ली।

पुलिस अधिकारियों ने यहां बताया कि मृतका की पहचान शुभांगी विनायक करंदे (33) के रूप में हुई है।

घटना के वक्त उसका पति काम पर गया हुआ था और बच्चे स्कूल में थे। बच्चे जब शाम छह बजे वापस आए तो उन्होंने घर का दरवाजा खटखटाया। जवाब नहीं मिलने पर उन्होंने दरवाजा तोड़ दिया। मृतका के पास से एक पत्र भी मिला है जिसमें कहा गया कि वह यह कदम अन्ना हजारे के समर्थन में और भ्रष्टाचार एवं बढ़ती महंगाई के विरोध में उठा रही है।

कौन नहीं है अन्ना?

कांग्रेस सांसद संदीप दीक्षित ने कमाल का भाषण दिया। दो पंक्तियां आप भी देखिए :

कुछ समय पहले लोग पूछते थे, 'कौन है अन्ना?'

आज लोग कहते है।, 'कौन नहीं है अन्ना?'

(यह टिप्पणी श्रीमती स्मिता प्रकाश, पत्रकार के हाथ लगी और अब आप तक भी पहुंच गई।)

यह टिप्पणी प्रसिद्ध हो गए नारे को सजीव करती है–'मैं भी अन्ना, तू भी अन्ना, ...सब हैं अन्ना।'

8

अंततः युवराज भी उतरे मैदान में

नई दिल्ली में केवल लोकसभा पटल पर ही नहीं, सर्वत्र बहस छिड़ चुकी है। राहुल ने लोकसभा के शून्यकाल में वह कह दिया जिसकी न तो सांसदों ने उम्मीद की थी और न ही राजनीति के जानकार ऐसी आशा करते थे। राजनेताओं में अपनी पहचान बना रहे राहुल ने सात पृष्ठों का टाइप किया लम्बा बयान पढ़ ही डाला। इसे पढ़ने में उन्हें 15 मिनट का समय लगा। शून्यकाल में परम्परा के अनुसार, मात्र दो या तीन मिनट का समय मिलता है। आग्रह करने पर स्पीकर इसे पांच मिनट तक बढ़ाते हैं, ऐसी परम्परा बताई थी सुषमा स्वराज ने। उन्हें बिना रोक-टोक 15 मिनट बोलते रहने की इजाजत देने पर भी प्रश्न उठाया गया।

26 तारीख (अगस्त, 2011) को राहुल गांधी द्वारा दी गई स्टेटमेंट पर पक्ष तथा विपक्ष में बोलने वालों की कमी नहीं, किंतु उनके बयान के बाद, उनकी बात को लोकसभा में कोई अधिमान नहीं दिया गया, ऐसा साफ नजर आ रहा था। अन्ना हजारे के तीन बिन्दुओं पर हो रही बहस में राहुल का प्रस्ताव जैसे गुम ही हो गया था, ऐसा देखने को मिला था।

अब अन्ना के अनशन के तीन दिन बाद कांग्रेस ने अपने ढंग से राहुल की कथनी को फिर से जीवित कर, महत्त्व देना शुरू कर दिया है। यह जरूरत आफ्टर शॉट ही है।

'राहुल गांधी की आवाज को फिर बुलंद करना हमारा दायित्व है'–एक कांग्रेस जन ने ऐसा भी कहा। राहुल अन्ना के जन-लोकपाल विधेयक से भी एक कदम आगे बढ़ गए थे। उन्होंने अपने लिखित तथ वितरित बयान में कहा कि चुनाव आयोग की भांति संवैधानिक संस्था बनाई जाए। राहुल के सुझाव को पार्टी वैधानिक बहस का हिस्सा बनाने पर गंभीर है, ऐसा कुछ नेताओं के तेवरों से झलकने लगा है।

कांग्रेस खेमे ने संकेत दिया है कि वह जन-लोकपाल पर विचार कर रही संसदीय स्थायी समिति के समक्ष लोकपाल आयोग के प्रस्ताव को भी ले जाने की तैयारी कर रही है।

संसद में युवराज ने अपनी चुप्पी तोड़ते हुए लोकपाल आयोग बनाने की बात कहकर सबको चकित कर दिया था। यह उनका एक ऐसा सियासी दांव था, जो अन्ना के अंदोलन की हवा निकालने का प्रयत्न था। अगले ही दिन (शनिवार, 27 अगस्त, 2011 को) अन्ना की तीन शर्तों पर संसद के दोनों सदनों में हुई बहस से लेकर सरकार के जवाब तक में इस प्रस्ताव पर किसी ठोस पहल का जिक्र नहीं हुआ। यह बात निश्चित है कि इससे राहुल के मन को जरूर ठेस पहुंची होगी।

इसे अनदेखी के साथ ही पार्टी के अंदर यह सवाल उठ खड़ा हुआ कि सरकार राहुल गांधी की ओर से उठाए गए सुझाव को ही मानने को तैयार नहीं है। कुछ लोगों ने आहत होकर अपने दिमाग को तेजी के साथ चलाना शुरू कर दिया। यह मामला कहीं सरकार और पार्टी के बीच मतांतर का एक और वाकया न बन जाए, इसकी आशंका देख संसदीय स्थायी समिति के अध्यक्ष ने पहल कर युवराज के सुझाव की तारीफ कर के लोगों के मन में आशा जगा दी। संसदीय स्थायी समिति

के अध्यक्ष हैं मनु सिंघवी जो अच्छे नेता तो हैं ही, कांग्रेस के एक समर्पित सिपाही भी हैं। गांधी परिवार से उनकी निष्ठा जग विदित है।

संसदीय स्थायी समिति के अध्यक्ष सिंघवी ने तो इतना भी कह दिया–'राहुल के सुझाव को संसदीय समिति के एजेंडे में शामिल किया जाना संभव है।' उन्होंने आगे यह भी कहा–'राहुल गांधी ने लोकपाल को संवैधानिक दर्जा देने की बात कर इसके स्तर को और ऊंचा उठाने का प्रयास किया है। यह सुझाव यद्यपि एक अंतिम उद्‌देश्य है।' इसे स्थायी समिति के एजेंडे में शामिल करने के मामले पर सिंघवी ने कहा–'संसदीय स्थायी समिति ऐसे सभी सुझावों पर विचार करने के लिए तैयार है, जिससे लोकपाल विधेयक मजबूत होता हो।'

मतलब यह कि युवराज के 7 पृष्ठ के बयान की अनदेखी होना बहुत–से कांग्रेसजनों को चिंतित कर रहा है।

लोकपाल पर राहुल के प्रस्ताव

माकपा नेता वृंदा करात ने 27 अगस्त को कहा था–'अखिल भारतीय कांग्रेस कमेटी के महासचिव द्वारा लोकपाल को संवैधानिक निकाय बनाए जाने का सुझाव इस विधेयक की मांग पर कोई कार्रवाई नहीं करने का एक और बहाना है।'

तेज तर्रार महिला नेता ने आगे कहा–'यह प्रस्ताव काफी देर से आया है और यह देर करने की सोची-समझी रणनीति है। प्रस्ताव की कोई प्रासंगिकता नहीं है।'

उन्होंने कटाक्ष करते हुए कह भी दिया–'इस प्रस्ताव को शून्यकाल में देने का क्या मतलब है? कहीं यह सत्ता पक्ष की एक और चाल तो नहीं?'

दिल की पार्लियामेंट

उल्टा-पुल्टा के लिए जाने जा रहे हास्य कलाकर जसपाल भट्‌टी कहते हैं–उन्होंने ऐसा लिखा ही नहीं, टीवी पर भी कहा था–बहस जारी है। आज नहीं तो कल लोकपाल बिल पास हो जाएगा। बिल किस शक्ल में पास होता है, कह नहीं सकते। जन-लोकपाल बिल का नरम स्वरूप होगा या सरकारी बिल का सुधरा हुआ रूप, यह जल्दी ही पता लग जाएगा।

राहुल गांधी ने संसद को सम्बोधित करते हुए कहा कि करप्शन हटाने के लिए सिर्फ लोकपाल बिल ही काफी नहीं और भी काफी–कुछ करना होगा।

यह बात तो मैं भी मानता हूं। सारी पार्लियामेंट ने यही कहा कि अन्ना अनशन छोड़ दें, हमें अन्ना की जरूरत है। शायद सबको पता है कि आने वाले समय में सभी बिल ऐसे ही पास हुआ करेंगे।

राहुल ने अन्ना का शुक्रिया अदा किया कि उन्होंने करप्शन के मुद्दे को इस कदर उछाला। तारीफ तो उन्हें ए. राजा, कनिमोझी, कलमाड़ी, येद्दियुरप्पा, हसल अली और उन तमाम गुमनाम लोगों की करनी चाहिए जिनके खाते स्विस बैंकों में हैं।

तारीफ तो राहुल को उन सभी दफ्तरों के करप्ट बाबुओं की करनी चाहिए, जो बिना गांधी जी के दर्शन करवाए (बिना नोट दिखाए) फाइल नहीं हिलाते। तारीफ राहुल को उन सभी पुलिसवालों की करनी चाहिए, जो बिना सेवा-पानी के आपकी एक एफआईआर नहीं लिखते। इन सभी की कृपा से ही यह अन्ना का आंदोलन सफल हुआ है।

थोड़ा-सा श्रेय कपिल सिब्बल और मनीष तिवारी को भी मिलना चाहिए, जिनके बयानों ने इस आंदोलन को चार चांद लगा दिए।

बहस धारा 184 नियम के अधीन हो या 193 के । लोगों को मतलब करप्शन बंद होने से है। अगर पूरी तरह से करप्शन हटाना है तो जनता को एक बिल और लाना पड़ेगा, 'दिल का बिल'। हर नागरिक को अपना कैरेक्टर भी सुधारना होगा। हम मानें या न मानें, हमारा अपना जमीर भी अंदर से खोखला हो चुका है।

हम छोटा-सा काम करवाने के लिए रिश्वत देने पर उतारू हो जाते हैं। कई लोगों को तब-तक तसल्ली नहीं होती कि काम हो जाएगा, जब तक वे रिश्वत दे न लें। वे बाहर चपरासी से पूछ रहे होते हैं—अंदर साहब ने पैसे नहीं पकड़े, मेरा काम हो जाएगा न।

हमें अपने दिल की पार्लियामेंट में यह बिल पास करना होगा कि हम खुद भी न रिश्वत लें, न ही किसी को दें।

अगर समर्थक अन्ना को गांधी न कहते

श्री गोपाल कृष्ण विद्यार्थी ने 6 पंक्तियों में जो टिप्पणी की, वह भी देखिए—

"राहुल से यह कह रहा है अब सकल विपक्ष,
माना टालमटोल में सिद्ध हुए हो दक्ष।
सिद्ध हुए हो दक्ष मगर यह तो बतलाओ,
इतने दिन क्यों मौन रहे, कारण समझाओ।
कोई बोला-वे तो अब भी मौन ही रहते,
अगर समर्थक अन्ना को गांधी न कहते।"

9

भाजपा को मानने में लगा समय

लोकसभा में विपक्ष की नेता सुषमा स्वराज तथा राज्यसभा में अरुण जेटली और कुछ अन्य ने 27 अगस्त (शनिवार) को विधेयक के पक्ष में खुलकर वकालत की। वैसे सुषमा स्वराज भी वकील हैं तथा अरुण जेटली भी। सुषमा स्वराज उस समय 21 वर्ष की थीं, जब वे दिल्ली आकर सुप्रीम कोर्ट में वकालत करने लगीं। अरुण जेटली तो अब तक सुप्रीम कोर्ट के सीनियर एडवोकेट्स में नाम कमा चुके हैं। दोनों जब बोलते हैं तो श्रोता उन्हें बड़े ध्यान से सुनते हैं।

शनिवार को जन-लोकपाल को ही एक आदर्श विधेयक कहने वालों की भाषा पहले ऐसी नहीं थी। वे इस विधेयक के हक में जरूर बोलते, मगर बहुत-सी शर्तें भी तब-जब ला देते। इसके अलावा यह भी कहते रहे कि वे अपने पत्ते अभी नहीं खेलेंगे। अन्ना जी के लटके हुए तीन मुद्दों के पक्ष में वे पहले कभी खुलकर नहीं आए। हां, इतना जरूर है कि भाजपा नेताओं ने उन तीन मुद्दों का सीधे-सीधे विरोध कभी नहीं किया, किंतु बड़ी चतुराई के साथ हां कहने से भी बचते रहे।

टीम अन्ना के अरविंद केजरीवाल को मंच से बार-बार कहना पड़ा था कि भाजपा अपना स्टैंड बताए। क्या भाजपा अन्ना जी के अधर में लटके तीन बिंदुओं के पक्ष में है या नहीं...स्पष्ट करे।

दुविधा में भाजपा

भाजपा भी दुविधा में पड़ी थी। यदि वे कहते हैं कि प्रधानमंत्री भी लोकपाल के दायरे में जरूर आना चाहिए तो आने वाले कल में उन्हें भी मुश्किल होगी। हो सकता है (और जैसी भाजपा को उम्मीद भी है) कल उनकी सरकार बने तो उनका बना प्रधानमंत्री भी लोकपाल का सामना करने को विवश होगा। यदि वे कहते हैं

कि प्रधानमंत्री लोकपाल से बाहर ही रहे तो अन्ना की नाराजगी मतलब देश की जनता की नाराजगी झेलनी पड़ती, इसीलिए वे एक-दो अन्य मुद्दों पर लगभग चुप्पी साधे हुए थे। तभी उन्हें मंच से यह ललकार सुननी पड़ी...अपने स्टेंड बताने की ललकार।

अन्ना टीम मनाने गई भाजपा को

25-26 अगस्त (वीरवार व शुक्रवार) को एक बार फिर अन्ना टीम भाजपा अध्यक्ष गडकरी एवं अन्य नेताओं सुषमा स्वराज, लालकृष्ण आडवाणी आदि से मिलने गई। लम्बी वार्ता हुई । उन्होंने अपना पक्ष रखा। उन्होंने कुछ स्पष्टीकरण मांगे। ना-नुकर हुई, किंतु-परंतु झेली। वेट एण्ड सी भी कहा गया। अंत में टीम अन्ना भाजपा को राजी करने में सफल हो गई। भाजपा नेतृत्व ने अन्ना टीम को विश्वास दिला दिया कि बहस होने पर वे अन्ना द्वारा दिए जन-लोकपाल को पूरा-पूरा समर्थन देंगे।

कांग्रेस नाराज

जब यह जानकारी कांग्रेस नेतृत्व तथा दूसरी पंक्ति के नेताओं तक पहुंची तो उनके तेवर भी देखने लायक थे। 26 अगस्त को अन्ना की टीम और प्रणव मुखर्जी तथा अन्य के साथ हुई बातचीत अत्यंत निराशाजनक रही। कांग्रेस पक्ष को एक तो यह गुस्सा था कि अन्ना टीम भाजपा के इर्द-गिर्द क्यों है। दूसरे यह कि वे अन्ना टीम की दलीलों को नहीं मान रहे थे।

बहुत कोरे हो गए थे मुखर्जी

जब उन्होंने प्रणव मुखर्जी से कहा कि बनी बनाई बात बिगड़ चली है। ऐसे में अन्ना जी का अनशन कैसे खुलेगा? इस पर प्रणव मुखर्जी ने स्पष्ट कह दिया था–'यह आपकी समस्या है, हमारी नहीं। आप जानो।' इसी के साथ अन्ना शिविर में एक बार फिर उदासी तथा निराशा छा गई, किंतु अन्ना ने ही उन्हें हिम्मत बंधाई। उन्होंने कह दिया कि 'देश पहले–मेरे प्राण बाद में'। उन्होंने यह भी कहा कि एक अन्ना जाता है तो हजारों-लाखों अन्ना खड़े हो जाएंगे। आप मेरी चिंता मत करो।

जैसे-जैसे अन्ना की तबीयत खराब होने लगी...स्वास्थ्य खराब होने लगा...डा. त्रेहन चिंतित होने लगे। उन्हें ग्लूकोज चढ़ाने की बात कही गई तो वे अड़ गए। उन्होंने कह दिया कि वे पानी के सिवा कुछ नहीं लेंगे, भले ही उनकी जान क्यों न चली जाए।

प्रधानमंत्री की चिंता

प्रधानमंत्री की भी चिंता बढ़ गई। उन्होंने पत्र लिखकर अनशन तोड़ने का आग्रह किया। पूरी पार्लियामेंट, उसकी स्पीकर, सबने अन्ना से अनशन खत्म करने का अनुरोध किया, किंतु अन्ना अपने लक्ष्य के लिए प्राण भी दे देने की बात कहते आ रहे थे। अत: वे अपनी बात पर अडिग रहे।

भाजपा को पूरी तरह मना लिया गया था। इसलिए शनिवार (27 अगस्त) को जब मुखर्जी के बयान के बाद बहस शुरू हुई तो सुषमा स्वराज ने मुद्दे के पक्ष में जोर-शोर से स्टेटमेंट दी। वे अन्ना के पक्ष में खुलकर बोलीं। इसी पर एक रिपोर्ट–

अंततः भाजपा मान ही गई

अन्ना हजारे के जन-लोकपाल बिल पर भाजपा ने सहमति जता दी। उसने अन्ना की तीनों प्रमुख मांगों का समर्थन किया। सुषमा स्वराज एक प्रभावी वक्ता, विपक्ष की नेता ने जो सहमति जताई, वह इस प्रकार थी–

- छोटे स्तर के कर्मचारियों को जन-लोकपाल के अंतर्गत लाने की आवश्यकता है। आम नागरिक का वास्ता छोटे स्तर के कर्मियों से पड़ता है। इसलिए इन्हें लेना जरूरी है।
- सुषमा स्वराज ने न्यायपालिका को लोकपाल के दायरे में नहीं लेने का सुझाव देते हुए कहा कि न्यायपालिका को लोकपाल के दायरे में लाने समस्या का समाधान नहीं है। उन्होंने कहा कि न्यायपालिका को लोकपाल के दायरे में लाने के बजाय एक राष्ट्रीय न्यायिक आयोग गठित किया जाना ठीक रहेगा, जो न्यायाधीशों की नियुक्तियों और उन्हें पदमुक्त करने का प्रावधान तय करेगा।
- उन्होंने केन्द्रीय जांच ब्यूरो 'सीबीआई' को लोकमान्य के दायरे में देखने की वकालत करते हुए कहा कि सीबीआई को स्वायत्त बनाने के बारे में लंबे समय से चर्चा होती रही है और हम चाहते हैं कि वह एक स्वायत्त संस्था बनें।

- सुषमा स्वराज ने कहा कि कई राज्यों में सेवा गारंटी कानून बन चुका है और उसे लागू करने में दिक्कत नहीं होनी चाहिए।
- उन्होंने कहा कि भाजपा प्रधानमंत्री को लोकपाल के दायरे में लाने के पक्ष में है, किंतु राष्ट्रीय मुद्दों और सार्वजनिक व्यवस्था से संबंधित उनके फैसलों को इसमें शामिल नहीं किया जाना चाहिए।

उधर राज्यसभा में भी भाजपा के अरुण जेटली तथा अन्य ने अन्ना को पूरा पूरा समर्थन देने का विश्वास दिलाया। भाजपा ने बेशक देरी से ही सही, लेकिन जन-जन की आवाज सुनकर ही अन्ना को समर्थन दिया।

सांसद शांता कुमार ने सबका ध्यान आकर्षित किया

हिमाचल प्रदेश में दो बार मुख्यमंत्री व केंद्र में काबीना मंत्री रह चुके शांता कुमार जो अब सांसद (राज्यसभा) हैं, ने तो बहुत ही सटीक बात कही थी।

भाजपा के राष्ट्रीय उपाध्यक्ष शांता कुमार ने कहा कि सरकार सशक्त लोकपाल कानून बनाने के लिए अतिशीघ्र कार्यवाही करे। उन्होंने 26 अगस्त को कहा था कि यदि इसके लिए संसद सत्र बढ़ाना पड़े तो बढ़ा दिया जाए, जिससे लोकपाल बिल निश्चित समयावधि में पारित किया जा सके।

स्थायी समिति के बजाय बिल को सीधा संसद में भेजा जाए। उनका कहना था कि पूरा देश भ्रष्टाचार के विरुद्ध कुछ करने के लिए मचल रहा है। पूरी युवाशक्ति सड़क पर आ गई है और सरकार अभी भी टाल-मटोल कर रही है। आज भ्रष्टाचार के महारोग से त्रस्त जनता सड़कों पर उतर आई है।

कानून बनाने का अधिकार संसद को है, लेकिन कानून बनाने वालों के पास इसका क्या उत्तर है कि बिल 43 सालों में क्यों नहीं बनाया गया। उन्होंने कहा कि 1968 में यह बिल पास हो गया होता तो भ्रष्टाचार कैंसर न बना होता। आज भी स्थायी समिति के नियम और कई औपचारिकताओं में पड़कर देश को फिर से संकट में डाला जा रहा है।

उनका कहना था कि भ्रष्टाचार पर रोक लगाने का यह सुनहरा मौका टालमटोल में फिर हाथ से निकल न जाए। इससे युवा शक्ति के नियंत्रण से बाहर होने की भी संभावनाएं बनी हुई हैं। भाजपा ने जन-लोकपाल बिल को सैद्धांतिक रूप से स्वीकार किया है।

अन्ना अभियान–ऐतिहासिक घटना

हिमाचल राज्य ने जन-लोकपाल बिल पर सहमति बनाने पर प्रसन्नता व्यक्त करते हुए कहा था कि भाजपा के केन्द्रीय नेतृत्व की परिपक्व, दूरदर्शितापूर्ण सोच एवं स्पष्ट दृष्टिकोण के रहते हुए यह संभव हो पाया है।

पार्टी अध्यक्ष खीमीराम शर्मा, उपाध्यक्ष प्रवीण शर्मा, महासचिव राम स्वरूप शर्मा, एवं पार्टी प्रवक्ता गणेश दत्त ने कहा है कि जन-लोकपाल कानून पर लोकसभा तथा राज्यसभा की सहमति के बाद स्थायी समिति को भेजा जाना भारतीय इतिहास की एक ऐतिहासिक घटना है, जिसके लिए समाजसेवी अन्ना हजारे तथा उनकी टीम भी बधाई की पात्र है।

भाजपा का मत

हिमाचल की भाजपा ने कहा कि जिस प्रकार कांग्रेस का रुख जन-लोकपाल के विरुद्ध था तथा अन्ना हजारे को अनशन न करने देने की केन्द्र सरकार की चाल, उन्हें बिना नोटिस के 144 लगाकर गिरफ्तार करना, जेल भेजना, कांग्रेस प्रवक्ता का अन्ना हजारे को भ्रष्ट कहना तथा अन्य नेताओं का अन्ना टीम को अपमानित करना इस आंदोलन की दुखद घटनाएं रहीं।

भाजपा नेताओं ने कहा कि जिस प्रकार भाजपा नेतृत्व ने अपना दृष्टिकोण स्पष्ट कर भ्रष्टाचार के विरुद्ध लोकपाल की आवश्यकता पर अपनी स्थिति स्पष्ट की है, उससे देश की सरकार तथा अन्य दलों को सोचने पर मजबूर होना पड़ा है। पार्टी ने कहा कि भाजपा गत सात वर्षों से कांग्रेस के भ्रष्टाचार व घोटालों के विरुद्ध अपना अभियान छेड़े हुए है तथा तब तक देश से भ्रष्टाचार समाप्त नहीं हो जाता, पार्टी चुप नहीं बैठेगी तथा भ्रष्टाचार के विरुद्ध जन जागरण अभियान जारी रखेगी।

अनुराग ठाकुर की भूमिका

प्रदेश के वर्तमान मुख्यमंत्री प्रो. पी.के. धूमल के पुत्र अनुराग ठाकुर इस समय हमीरपुर से सांसद हैं। वे भाजपा युवा मोर्चा के राष्ट्रीय अध्यक्ष भी हैं। उन्होंने पूरे अभियान, आंदोलन में अपनी उपस्थिति लगातार जतलाकर अन्ना तथा टीम अन्ना को पूरा-पूरा समर्थन दिया। उन्हें टीवी चैनलों पर विभिन्न समयों पर अपनी राय प्रकट करने का भी मौका मिलता रहा, जो हिमाचल के लिए उत्साहजनक बात है।

10

भ्रष्टाचार की गति हुई बेलगाम

मुख्य न्यायाधीश का आह्वान

हिमाचल प्रदेश उच्च न्यायालय के मुख्य न्यायाधीश कुरियन जोसेफ ने कहा कि देश के हर नागरिक का नैतिक कर्तव्य है कि वह भ्रष्टाचार में संलिप्त न होने और किसी को भी भ्रष्टाचार न करने देने की शपथ ले।

चीफ जस्टिस ने आगे कहा–'प्रत्येक नागरिक को यह शपथ भी लेनी चाहिए कि वह भ्रष्टाचार के खिलाफ आवाज उठाएगा।'

राष्ट्रपिता महात्मा गांधी का उल्लेख करते हुए उन्होंने कहा कि हर व्यक्ति की आवश्यकता के अनुरूप सब कुछ उपलब्ध है, लेकिन लालच के लिए नहीं। हर व्यक्ति को चाहिए कि वह अपनी जरूरत से अधिक इच्छा न रखे, क्योंकि यह भ्रष्टाचार को जन्म देती है।

मुख्य न्यायाधीश ने बेहतर समाज के लिए अधिकार एवं कर्तव्य पर आत्म निरीक्षण करने का बल देते हुए कहा कि अधिकार भी कर्तव्य से जुड़ा है। देश की एकता एवं अखंडता के हित में सांप्रदायिक सद्भावना को सुदृढ़ करने की जरूरत पर जोर देते हुए उन्होंने कहा कि भारत एक धर्म निरपेक्ष राष्ट्र है, जो जाति व रंगभेद से ऊपर उठकर सभी धर्मों का सम्मान करता है।

हिमाचल प्रदेश के मुख्यमंत्री

प्रो. प्रेम कुमार धूमल भी सरकारी तंत्र में व्याप्त भ्रष्टाचार से दुखी नजर आए। उन्होंने कहा–'जब्त होगी भ्रष्ट तरीके से अर्जित की सम्पत्ति।' उन्होंने कहा कि भ्रष्ट तरीकों से अर्जित की गई संपत्तियों को सरकार के आधीन लाने के लिए प्रदेश

विधानसभा में वर्तमान सत्र (अगस्त–सितम्बर, 2011) के दौरान कानून लाया जाएगा। यह हिमाचल को सही मायनों में भ्रष्टाचारमुक्त बनाने के प्रयासों का हिस्सा है।

मुख्यमंत्री ने कहा, 'भ्रष्टाचार आज समाज में चिंता का विषय बन चुका हैं। बढ़ते भ्रष्टाचार से पूरे देश के साथ-साथ हिमाचल भी दुखी है।

भ्रष्टाचार ने पार की हदें

हमारे देश में आजादी के पश्चात् भ्रष्टाचार ने जो गति पकड़ी, वह बढ़ते-बढ़ते बेलगाम हो गई है।

आम आदमी ने भ्रष्टाचार को शिष्टाचार या सुविधा शुल्क मानकर अपना लिया। भ्रष्टाचारियों की खाल इतनी मोटी हो गई है कि उन्हें कोई वार या कोई कानूनी शिकंजा प्रभावित नहीं कर पाता। स्पष्ट है कि हमारे कानून भ्रष्टाचार को रोक पाने में अक्षम हैं।

भारत में विकास का श्रेय सरकार को नहीं, बल्कि देशवासियों की श्रम सहायता को जाता है। जनता की गाढ़ी कमाई से प्राप्त राजस्व भ्रष्टाचार की भेंट चढ़ जाता है।

अन्ना ने इसी भ्रष्टाचार रूपी रावण को खत्म करने के लिए आंदोलन किया। यदि कानून में पारदर्शिता आ जाए तो भ्रष्टाचार की गुंजाइश भी कम हो जाएगी। अन्ना के समर्थन में उठे जनसैलाब ने स्पष्ट कर दिया है कि भ्रष्टाचार को लेकर जनता में कितना भारी आक्रोश है। यह कहना है श्री सत्यशील अग्रवाल का, जो अन्ना जी के समर्थक ही रहे होंगे, तभी ऐसा लिखा।

भ्रष्टाचार के पक्षधर ये लोग

अब आपका ध्यान डॉ. एस. शंकर सिंह के अनुभवों, निष्कर्षों की ओर ले चलते हैं। वे भ्रष्टाचार के कट्टर विरोधी भी हैं। उन्होंने लिखा है–

'अन्ना के भ्रष्टाचार विरोधी आंदोलन के विरोध में और भ्रष्टतंत्र के पक्ष में खड़े लोग लोकतंत्र को नए सिरे से परिभाषित कर रहे हैं। कहा जा रहा है लोकतंत्र में वोट देने के बाद मतदाता को नींद की गोली खाकर पांच साल के लिए सो जाना चाहिए। इस बीच मतदाता से कोई सवाल-जवाब नहीं करना चाहिए। न तो अपना दुख-दर्द बयान करना चाहिए और न रोना-पीटना चाहिए, सारे जुल्म और जोर-जबरदस्ती आंख बंद कर बर्दाश्त करने चाहिए।

हम जिन्हें चुनते हैं, उन्हें पांच साल तक लूटने की खुली छूट होनी चाहिए। ऐसा नहीं करने से लोकतंत्र खतरे में पड़ जाएगा। हम लोकशाही नहीं, बल्कि पांच साल के लिए तानाशाही चुनते हैं।

हमें समझाया जा रहा है कि आपराधिक पृष्ठभूमि के जो लोग धन-बल और बाहुबल के सहारे चुनकर आते हैं, जो सांसदों की खरीद-फरोख्त करते हैं, उनकी कारगुजारियों से लोकतंत्र को खतरा नहीं होता है। क्या कहने इस नई परिभाषा के!'

यदि श्री गौतम कौल की मानें तो वे कहते हैं—'दरअसल हमने भ्रष्टाचार को इस तर्क के साथ स्वीकार कर लिया है कि प्राचीनकाल से ही यह हमारे समाज में व्याप्त है। इस देश में एक के बाद एक संत पैदा हुए, लेकिन भ्रष्टाचार के खिलाफ शायद ही किसी ने प्रभावी ढंग से आवाज उठाई हो। भ्रष्टाचार के विरुद्ध अन्ना हजारे का आंदोलन आज इतना बड़ा हो गया है कि उसे अनदेखा करना मुश्किल है और वही हुआ। अन्ना के आंदोलन को जबरदस्त कामयाबी मिली। झुकना पड़ा हुक्मरानों को।'

खली भी नहीं रहे पीछे, उतरे अन्ना के समर्थन में

पहलवानी के लिए प्रसिद्धि पा चुके खली भी अन्ना के पक्ष में उतर चुके थे। डब्ल्यूडब्ल्यूएफ के पहलवान दि ग्रेट खली ने सामाजिक कार्यकर्ता अन्ना हजारे का समर्थन किया।

खली के प्रवक्ता का कहना था—'खली ने अन्ना का समर्थन किया है। उन्होंने समाज से भ्रष्टाचार को उखाड़ फेंकने के लिए लोगों से समर्थन का आह्वान किया है।'

सरकार और अन्ना के बीच चल रहे गतिरोध पर भी खली ने चिंता व्यक्त की थी। उन्होंने यह चिंता अमेरिका में जताई थी।

खली ने अपने बयान में कहा, 'मैं किसी राजनीतिक पार्टी के खिलाफ नहीं हूं, लेकिन अन्ना का आंदोलन राष्ट्र के हित में है।'

दि ग्रेट खली ने अमेरिका में रहते हुए 26–27 अगस्त को कहा—'व्यस्त कार्यक्रम होने के बावजूद मैं टेलीविजन चैनलों के जरिए इस मुद्दे पर नजर बनाए हुए हूं। गतिरोध ने मुझे चिंतित किया है।'

विदेश में बैठे खली को भी भारत में हो रहे भ्रष्टाचार से जरूर दुख होता होगा, तभी उन्होंने अन्ना जी के आंदोलन का समर्थन करने का संदेश भेजा।

11

अन्ना की शर्तें और विभिन्न दल

अन्ना हजारे अपनी बात छोटे-छोटे वाक्यों में इस प्रकार कहते है कि हर ग्रामीण भी उन्हें सरलता से समझ लेता है और स्वत: उनके साथ जुड़ जाता है।

उन्होंने कई बार मंच से कहा जिसे सिविल सोसायटी के सदस्यों ने भी दोहराया कि वे सत्ता परिवर्तन की बात नहीं कर रहे, उन्हें तो सिस्टम बदलना है। उन्हें किसी राजनीतिक पार्टी से शिकायत नहीं।

पूर्व की स्थिति पर न जाएं तो शनिवार 27 अगस्त आते-आते विभिन्न दलों ने ना-नुकर तथा किंतु-परंतु के बाद लोकसभा के पटल पर अपनी स्थिति प्रकट की, उसे ही फाइनल मानकर चल रही है अन्ना टीम भी–।

गांधीवादी समाजसेवी, 74 वर्षीय वयोवृद्ध, किंतु उत्साही प्रकृति के अन्ना हजारे ने भ्रष्टाचार के खिलाफ जोरदार आवाज उठाकर देश को ही नहीं, विश्व-भर को चकित कर दिया। अनशन पर बैठे अन्ना हजारे का यह दिन (शनिवार, 27 अगस्त) बारहवां दिवस था। उनके द्वारा पेश किए गए जन-लोकपाल बिल में तीन मुख्य शर्तें अभी बाकी थीं। उनके अतिरिक्त शेष सब पर आम सहमति पहले ही बन चुकी थी। उन्होंने स्पष्ट कर दिया था कि इन तीन शर्तों को माने बिना वे अपना अनशन नहीं खोलेंगे। इससे प्रधानमंत्री डॉ. मनमोहन सिंह तथा अन्य सभी अच्छी सोच के नेता बहुत चिंतित हो गए थे।

उनकी मांगों तथा शर्तों को ध्यान में रखकर जन-लोकपाल बिल के तीन महत्त्वपूर्ण बिंदुओं पर शनिवार को ही लोकसभा में बहस शुरू हुई। इन बिंदुओं पर हुई विशेष चर्चा पर सरकार और विपक्ष के ज्यादातर दलों ने सहमति व्यक्त की।

उन्होंने संविधान की पवित्रता और संसद की सर्वोच्चता बनाए रखने पर भी जोर दिया। हालांकि राजद ने जन-लोकपाल को सिरे से नकार दिया, जबकि

माकपा और द्रमुक ने स्थिति स्पष्ट नहीं की। उन्होंने जो कुछ कहा, वह गोलमाल तथा अस्पष्ट था।

समाजवादी पार्टी तथा बहुजन समाज पार्टी ने कुछ शर्तों के साथ कुछ बिंदुओं पर सहमति जताई थी।

शनिवार को ही लोकसभा में अन्ना हजारे की तीन मांगों पर चर्चा की शुरुआत वित्त मंत्री प्रणव मुखर्जी ने अपने मुख्य बयान के साथ की। उनके बयान के बाद ही संसद में चर्चा शुरू हो गई। प्रणव मुखर्जी ने अपने लिखित बयान में सांसदों से जन-लोकपाल के महत्त्वपूर्ण और सही मुद्दों पर गंभीर विचार-विमर्श के लिए भी कहा था।

इन तीन मुद्दों में केन्द्र सरकार के सभी कर्मचारियों को लोकपाल के दायरे में लाने, सभी राज्यों में लोकायुक्त के गठन और सिटीजन चार्टर की मांगे थीं। उन्होंने कहा कि इन मुद्दों पर विचार-विमर्श के बाद सदन की जो आम राय होगी, उसे स्थायी समिति को भेजा जायेगा।

भाजपा की ओर से विपक्ष की नेता सुषमा स्वराज ने इन तीनों बिंदुओं पर अपनी सहमति जताते हुए कहा कि सरकार ऐसा मजबूत लोकपाल कानून बनाए, जो भ्रष्टाचार पर अंकुश लगाने में मददगार हो और आने वाली भावी पीढ़ी भ्रष्टाचार का हिस्सा नहीं बनें। सुषमा स्वराज ने सरकार से अनुरोध किया कि लोकपाल को तकनीकी उधेड़-बुन का शिकार न होने दें, बल्कि ऐसा सशक्त लोकपाल विधेयक लाएं, जो आम आदमी को भ्रष्टाचार से मुक्ति दिलाने में मदद करे।

घटनाक्रम

अन्ना की जीत-देश की जीत

आखिरकार बारह दिनों के लम्बे संघर्ष के बाद देश की संसद में जनसंसद की जय हुई। इस प्रकार की जो रिपोर्ट मीडिया ने 28 अगस्त को जगजाहिर की, वह देखिए–

भ्रष्टाचार के खिलाफ संघर्ष में अन्ना हजारे और जनता को शनिवार 27 अगस्त को ऐतिहासिक जीत मिली। जन-लोकपाल विधेयक में गांधीवादी समाजसेवी की उन तीन शर्तों पर संसद ने सैद्धांतिक तौर पर सहमति दे दी, जिनकी वजह से सरकार और सिविल सोसायटी के बीच गतिरोध बना हुआ था।

संसदीय मंजूरी हासिल कर चुके अन्ना के सुझावों पर आधारित प्रस्ताव को, स्थायी समिति के सुपुर्द कर दिया जाएगा, ताकि विधेयक में शुमार किए जाने को लेकर आगे की कार्यवाही की जा सके।

भ्रष्टाचार के खिलाफ जारी रहेगी अन्ना की जंग

संसदीय मंजूरी का संदेश प्रधानमंत्री मनमोहन सिंह के खत के जरिए केन्द्रीय मंत्री विलासराव देशमुख ने अन्ना हजारे को रात को ही सौंप दिया। जब उन्होंने पत्र सौंपा तो अन्ना जी तथा उनकी कोर कमेटी मंच पर थे। इस दृश्य को हजारों लोगों ने देखा।

प्रधानमंत्री का पत्र

पत्र में लिखे मनमोहनसिंह के संदेश को देशमुख ने माइक पर पढ़कर सुनाया जिसे सबने सुना। उन्होंने कहा कि सिटीजन चार्टर सूबों में लोकायुक्तों के गठन और निचली श्रेणी की नौकरशाही को लोकपाल में लाने की अन्ना की शर्तों के प्रस्ताव को संसद ने सैद्धांतिक स्वीकृति दे दी है। इस पर अन्ना ने मंच से ही सभी सांसदों को बधाई दी।

अधूरी जीत

अन्ना हजारे ने इसे अधूरी जीत बताया। उन्होंने कहा कि पूरी जीत अभी बाकी है।

जीत का श्रेय

अन्ना हजारे ने इस जीत का श्रेय आंदोलन को समर्थन दे रही जनता के नाम किया। उन्होंने मीडिया, कुछ विशेष लोगों, आम जनता, बच्चों, बड़ों, विशेषकर युवाओं को श्रेय दिया। उन्होंने बहुत-से वर्गों को गिनाकर उन सबका, अन्ना टीम को इसका श्रेय दिया। उन्होंने एक बार भी अपने आपको श्रेय नहीं दिया। यह उनकी महानता दर्शाता है।

अनशन खोलने की घोषणा

उन्होंने रविवार 28 अगस्त प्रातः दस बजे अनशन खोलने की सबसे अनुमति भी मांगी। वहां उपस्थित सैकड़ों लोगों ने हाथ उठाकर उन्हें अनशन खोलने की अनुमति दी। इस जीत की खुशी सब के चेहरों पर साफ नजर आ रही थी।

लोगों की इच्छा-संसद की इच्छा

अन्ना हजारे को मिला अपार समर्थन सरकार को हिलाकर रख देने वाला था, इसीलिए पहले संसद ने यहां तक कि स्पीकर ने भी अन्ना जी के जीवन को अत्यंत मूल्यवान मानते हुए अनशन खत्म करने की अपील की। स्पीकर मीरा कुमार ने खड़े होकर अपील की, जिसे पूरी संसद ने स्वीकार किया।

इसे अन्ना को अपार जनसमर्थन का अहसास होने का संकेत ही कहा जा सकता है कि प्रधानमंत्री ने कह ही दिया–'लोगों की इच्छा ही संसद की इच्छा है।'

12

टीम अन्ना से मांगी गुरु दक्षिणा

पुरातन भारतीय शिक्षा पद्धति, विशेषकर गुरुकुलों के समय से गुरु दक्षिणा देने की परम्परा थी। गुरु दक्षिणा बहुधा शिक्षा पूरी हो जाने पर शिष्य अपने गुरु को दिया करते थे। गुरु को भी यह अधिकार था कि वह अपने शिष्य से मनमानी दक्षिणा मांग ले। बहुत बार शिष्य उस समय जब गुरु दक्षिणा नहीं दे पाते तो उन्हें छूट दे दी जाती। वे जब संभव होता, तभी गुरु दक्षिणा पहुंचाते।

भ्रष्टाचार के अंत की लड़ाई को मजबूती के साथ लड़ रही टीम अन्ना के साथ पूरा-का-पूरा देश पूर्व से पश्चिम तथा उत्तर से दक्षिण तक खड़ा है, यह बात किसी से छिपी नहीं, किंतु जिन व्यक्तियों से आपको मिला रहे हैं, उनका सीना गर्व से चौड़ा हो रहा है। ये हैं वे पूर्व अधिकारी, जिन्होंने अरविन्द केजरीवाल तथा किरण बेदी को ट्रेनिंग दी थी।

इन दोनों को, किसी ने क्राइम कंट्रोल पढ़ाया तो कोई भ्रष्टाचार पर तगड़े वार के टिप्स दिया करते थे। क्लासरूम चाहे नेशनल पुलिस एकेडमी माउंट आबू का रहा हो या फिर प्रशासन अकादमी मसूरी का। हर जगह ऐसी ही सीख दी गई, लेकिन आज वे गुरु दक्षिणा में कुछ मांग रहे हैं। वह गुरु दक्षिणा है–'भ्रष्टाचार का समूल नाश'।

इन पूर्व अधिकारियों ने 26 तथा 27 अगस्त को अपना विश्वास भी व्यक्त कर दिया। उन्होंने कहा कि उन्हें अपने इन काबिल शिष्यों की जीत का परू-पूरा भरोसा है। उनका स्पष्ट कहना था–'जीत होकर रहेगी' और 27 अगस्त की रात होते-होते उनकी बात सच निकली–सोलह आने सच।

मुरादाबाद से मीडिया की मारफत जानकारी में आगे का विवरण भी देखिए–

अन्ना के साथ जन-लोकपाल बिल के लिए सबसे आगे रहने वाली किरण बेदी

वर्ष 1972 बैच की आईपीएस हैं। उनकी ट्रेनिंग नेशनल पुलिस अकादमी माउंट आबू में हुई थी। उत्तर प्रदेश में डीजी रह चुके विलासमणि त्रिपाठी उस समय अकादमी में तैनात थे।

उन्होंने किरण बेदी को क्राइम कंट्रोल और इन्वेस्टीगेशन पढ़ाया था। उनके आउट डोर और इनडोर के विषयों में सबसे ज्यादा नंबर आते थे।

आज जब किरण बेदी भ्रष्टाचार के खिलाफ जंग लड़ रही हैं तो उन्हें बड़ी खुशी होती है। ऐसा त्रिपाठी जी कई बार कह चुके हैं।

टीम अन्ना के दूसरे सबसे मजबूत सिपाही अरविन्द केजरीवाल वर्ष 1993 में जब आईआरएस बने तो वे सोलह हफ्ते का फाउंडेशन कोर्स करने लाल बहादुर शास्त्री नेशनल एकेडमी ऑफ एडमिनिस्ट्रेशन मसूरी में गए थे। उस समय अकादमी के डायरेक्टर डॉ. नरेश चंद्र सक्सेना थे और ज्वाइंट डायरेक्टर डॉ. वी.के. अग्निहोत्री थे।

डॉ. नरेश का कहना है कि अपने लिए तो सभी जीते हैं, जो दूसरों के लिए लड़े, वही सच्चा देशभक्त है। केजरीवाल एक ऐसे ही शख्स हैं।

उद्योग जगत ने भी दिया साथ

यह भी गुरु दक्षिणा ही थी–वर्षों बाद यहां हम कुछ उद्योगों से जुड़े बड़े लोगों की बात करते हैं। उन्होंने भी अन्ना के अंदोलन को समर्थन देकर इसके महत्त्व को बढ़ा दिया था।

लोकतंत्र के इतिहास में नया अध्याय

सुनील मित्तल, भारती एंटरप्राइजिज के चेयरमैन का कहना था–

'अन्ना के अनशन को समाप्त करने के लिए सरकार की ओर से उठाया गया कदम खासा अहम रहा।'

उन्होंने यह भी कहा–'लोकतंत्र के इतिहास में यह एक नया अध्याय है।' उनके हर शब्द में अन्ना के आंदोलन की सराहना साफ झलक रही थी।

पारदर्शिता की मांग

चेयरमैन गोदरेज, गोदरेज समूह ने कहा था–'परियोजनाओं के लिए विभागीय मंजूरियों की संख्या कम करने से भ्रटाचार पर अंकुश लगेगा।'

अन्ना हजारे के आंदोलन की सफलता की सराहना करने वाले गोदरेज समूह के चेयरमैन ने यह भी कहा था– 'वस्तुओं एवं सेवाओं की सभी सरकारी खरीद-बिक्री में भी पारदर्शिता लाने की जरूरत है।'

जवाबदेह संस्थानों का गठन

प्रभावी, पारदर्शिता और जवाबदेह शासन-प्रशासन के लिए साहसी व ठोस कदम उठाए जाएं। चुनाव आयोग की तर्ज पर जवाबदेह संस्थानों का गठन किया जाए। दिलीप मोदी, अध्यक्ष एसोचैम ने अन्ना के आंदोलन को समर्थन देते हुए इसकी सफलता पर खुशी जताई।

13

सिने जगत भी भ्रष्टाचार के विरुद्ध

आज के सिने कलाकर भ्रष्टाचार के विरुद्ध न होते तो अमिताभ बच्चन, शाहरुख खान, आमिर खान, अनुपम खेर, लता मंगेशकर, बिपाशा बसु, सोनू निगम, ओमपुरी, महेश भट्ट, करन जौहर, शबाना आजमी, मोनिका बेदी, संभावना सेठ आदि खुलकर सामने न आते। अधिकतर सितारों ने अन्ना टोपी भी पहनी और मशालों तथा मोमबत्तियों से मार्चपास्ट भी किया।

कुछ फिल्में भी बनीं भ्रष्टाचार के विरुद्ध

रंग दे बसंती : इसमें नायक हैं आमिर खान। उनके अभिनय को खूब सराहा गया। इस फिल्म में भ्रष्टाचार पर गहरी चोट की गई। प्रकाश झा को समाज के ज्वलंत मुद्दों पर अच्छी फिल्में बनाना आता है। उन्होंने इस फिल्म में भ्रष्टाचार के मुद्दे को भली प्रकार उठाया।

रोटी, कपड़ा और मकान : यह फिल्म 1976 में आई। इसे बनाया था मनोज कुमार ने। इस फिल्म में उन्होंने भ्रष्टाचार से त्रस्त जनता के मनोभावों को बहुत ही सफलतापूर्वक दर्शाया है।

श्री 420 : यह फिल्म 50-60 वर्ष पुरानी है, किंतु आज भी हम भुला नहीं पाए। राजकपूर ने भ्रष्टाचार के मुद्दे को बड़े ही प्रभावी ढंग से उठाया। संभवत: श्री 420 पचास के दशक में हमने देखी थी।

आंधी : यह फिल्म आई थी शायद 1975 में। आंधी फिल्म शुरू में ही कुछ समय के लिए विवादों में फंस गई थी। इस पर प्रतिबंध भी लगा। तर्क-वितर्क हुए तो प्रतिबंध उठा और फिल्म इतनी पसंद की गई कि बॉक्स ऑफिस पर भी खूब

सराही गई। यह फिल्म भी भ्रष्टाचार पर आधारित थी, इसलिए दर्शकों के लिए मार्गदर्शक भी बनी।

हिन्दुस्तानी : यह फिल्म भी भ्रष्टाचार पर अच्छा कुठाराघात करने वाली थी। इस फिल्म के हीरो थे कमल हसन। उनकी भूमिका को आज भी लोग याद करते हैं। यह 1995-1996 के करीब आई और बहुत चली।

लगे रहो मुन्ना भाई : इस फिल्म के हीरो थे सुनील दत्त के पुत्र संजय दत्त। यह अलग बात है कि पिता फिल्म जगत से पहले समाजसेवा में उतरे, फिर राजनीति में और केंद्र में मंत्री भी बने। खैर! संजय दत्त ने, भ्रष्टाचार के विरुद्ध इस फिल्म में खूब आवाज उठाई। उनके कुछ डायलॉग काफी प्रसिद्ध हुए। निर्देशक ने फिल्म के जरिए जो संदेश देना चाहा, वह लोगों तक खूब पहुंचा।

आरक्षण : यह बिल्कुल नई फिल्म है, जो 2011 में ही प्रदर्शित हुई। फिल्म जगत के सम्मानित अभिनेता अमिताभ बच्चन ने इस फिल्म में भूमिका निभाई है। इस पर भी कहीं प्रतिबंध तो कहीं प्रदर्शित करने की इजाजत। इसमें भ्रष्टाचार के मुद्दे को दिखाया गया।

मैं आजाद हूं : यह फिल्म भी भ्रष्टाचार के मुद्दे को उजागर करने वाली थी। इसे 1989-90 में प्रदर्शित किया गया। इसके हीरो अमिताभ बच्चन थे। फिल्म जिस उद्देश्य को लेकर बनी, वह उद्देश्य निश्चित रूप से पूरा भी हुआ।

यहां यह भी कहना होगा कि सुपर स्टार अमिताभ बच्चन ने बहुत-सी ऐसी फिल्मों में काम किया, जो भ्रष्टाचार को खत्म करने के उद्देश्य से बनाई गईं।

सन्नी देओल का अभिनय : सन्नी देओल ने भी ऐसी कुछ फिल्मों में बखूबी काम किया, जो ईमानदारी को महत्त्व देने तथा भ्रष्टाचर का अंत करने के लिए बनाई गई थीं।

गाइड फिल्म में देवानंद का अंत : गाइड फिल्म में देवानंद राजू बने। उन्होंने आमरण अनशन किया। मंदिर में अचानक भीड़ घुस गई। ऐसे में, अंततः वहीं मृत्यु के जरिये मोक्ष प्राप्त किया राजू ने। हमें पूरी उम्मीद थी कि अन्ना यह रास्ता न अपनाएंगे और यदि वे चाहेंगे तो भी पूरे देश का जनसमूह उन्हें उस दिशा में नहीं जाने देगा। इसमें जनता को सफलता मिली। सरकार को झुकना पड़ा।

'परख'–बिमल राय द्वारा निर्मित : यह फिल्म 1960 में बनी थी। परख की कहानी के लेखक थे सलिल चौधरी। यह फिल्म आज भी छात्रों को जरूर देखनी चाहिए।

इसमें लेखक ने सरपंच का चुनाव दिखाया है। उन्होंने बताया कि हमारे लोकतंत्र में ग्रामीण भ्रष्टाचार किस हद तक छा चुका है। फिल्म में साधना की भूमिका सराहनीय है।

सत्यकाम : ऋषिकेश मुखर्जी द्वारा निर्मित यह फिल्म 1969 में आई। इसमें धर्मेन्द्र तथा शर्मिला की मुख्य भूमिका थी। यह फिल्म भी भ्रष्टाचार के मुद्दे को लेकर बनी थी। यह फिल्म एक बंगला उपन्यास पर आधारित थी।

सु-राज– तनवीर अहमद ने बनाई : भ्रष्टाचार के मुद्दे पर यह फिल्म 1997 में आई। इसमें ए.के. हंगल का अभिनय भुलाए नहीं भूलता। फिल्म में भ्रष्ट पीढ़ी का पर्दाफाश हुआ।

ताहादेर–बुद्ध देवदास गुप्ता द्वारा निर्मित : यह फिल्म बंगला में बनी। वर्ष था 1992 और मुख्य भूमिका में थे मिथुन चक्रवर्ती। भ्रष्ट सत्ता के विरुद्ध बनी यह फिल्म आज भी याद की जाती है।

ऑफिस-ऑफिस सीरियल : छोटे पर्दे पर यह धारावाहिक खूब पसंद किया गया। पूरा धारावाहिक समाज में कार्यालयों तथा विभागों में फैले भ्रष्टाचार पर बहुत बड़ा कटाक्ष है। बाद में इस धारावाहिक को एक फिल्म में भी परिवर्तित किया गया।

पीपली लाइव–आमिर खान : ग्रामीण भ्रष्टाचार को लेकर बनी फिल्म 2010 में आई। इसे भ्रष्टाचार को उखाड़ फेंकने के लिए लोकप्रियता मिली। 2012 में यह तमिल भाषा में भी आ जाएगी। यह एक देखने योग्य फिल्म है।

कुछ अभिनेता खुलकर सामने आए

भ्रष्टाचार के विरुद्ध आवाज उठाने के लिए कुछ कलाकर, अभिनेता, निर्देशक भी खुलकर सामने आए हैं तथा उन्होंने अन्ना हजारे को अपना समर्थन दिया।

प्रसिद्ध गांधीवादी समाजसेवी अन्ना हजारे भ्रष्टाचार को समाप्त करने के लिए जहां एक ओर जन मुहिम छेड़े हुए हैं, वहीं सिने जगत के फिल्मकार समय-समय पर फिल्मों के माध्यम से भ्रष्टाचार जैसे गंभीर मुद्दे पर लोगों को जागृत करते रहे हैं।

आइए, कुछ अभिनेताओं तथा अन्य ऐसे लोगों से मिलते हैं, जो सिने जगत से जुड़े हैं।

मोनिका बेदी बनी समर्थक : अन्ना हजारे के एंटी करप्शन आंदोलन में कई बार कई जगह उल्टी गंगा बहती दिखाई दी। ऐसे भी लोग उनके समर्थन में आगे आए, जिनकी पहचान दरअसल उन्हीं कारनामों से बनी, जिनका अन्ना विरोध करते हैं। कुछ समय पहले भोजपुरी फिल्मों की आइटम गर्ल नम्बर वन संभावना सेठ ने गांधी टोपी पहनकर अन्ना का समर्थन जताया।

दूसरी ओर अबू सलेम से अपने रिश्तों से फेमस हुई बॉलीवुड हीरोइन मोनिका बेदी भी आगे आई। इनके संदर्भ में गंगा उल्टी इसलिए बही, क्योंकि संभावना सेठ

को अपनी बेलगाम जुबान के लिए गजब की प्रसिद्धि हासिल है और मोनिका बेदी का कारनामा जग जाहिर है।

आमिर ने अन्ना को असली नायक माना : जन-लोकपाल को समर्थन देने के लिए शनिवार 27 अगस्त को तारे जमीन पर जैसी लोकप्रिय फिल्म देने वाले चोटी के अभिनेता आमिर खान दोपहर के समय अन्ना जी को मिलने आए तथा कई घन्टे उनके साथ रहे। उन्होंने रामलीला ग्राउंड में भीड़ को सम्बोधित भी किया। उनके हर वाक्य तथा शब्द से अन्ना जी के आन्दोलन के प्रति आदर और देशभक्ति झलक रही थी। उन्होंने अन्ना जी को असली नायक कहा।

आमिर के साथ सुपरहिट फिल्म 3 इडियट के निर्देशक राजकुमार हिरानी ने भी हजारे से मुलाकात की।

आमिर ने हजारे समर्थकों को सम्बोधन में कहा–'दोस्तो! मैंने जन-लोकपाल विधेयक पढ़ा है और यह बात जाहिर है कि विधेयक संसद ही पास कर सकती है, लेकिन आज हर भारतीय की नजरें और उम्मीदें इस बात को लेकर सांसदों पर आकर टिक गई हैं कि वे किस तरह का विधेयक पास करते हैं।'

आमिर खान ने मंच से कहा–'हमें लोकपाल मुद्दे तक ही नहीं, बल्कि पूरे संघर्ष तक उनके साथ रहना है।'

आमिर ने डिमांड पर लगान फिल्म का गीत मितवा भी गाया। इस बीच हिरानी ने कहा–'मेरा मन मानता है कि अन्ना हजारे नए गांधी हैं। उन्हें हम सबका नमन।'

सोनू निगम : बॉलीवुड के गायक सोनू निगम को उनकी मां के जरिये अन्ना के अनशन के बारे में पता चला तो वे दिल्ली के रामलीला मैदान पहुंच गए। उन्होंने यहां मेरा रंग दे बसन्ती चोला और गांधी जी का पसंदीदा गीत वैष्णव जन गाकर समां बांध दिया। उन्होंने लगभग आधा घंटे तक गीत पेश किए, बकौल सोनू वे अपने गीतों के जरिए अन्ना का हौसला बढ़ाने आए।

समर्थन में उतरे मगर फंस गए ओमपुरी : अन्ना हजारे को समर्थन देने पहुंचे ओमपुरी ने जब उन्हीं के मंच पर माइक संभाला तो जो मन में आया, बोलते रहे। ये उनके निजी विचार थे, इसलिए किसी ने रोका नहीं। सांसदों के खिलाफ उन्होंने जमकर भड़ास निकाली और फंस गए मुश्किल में। 27 अगस्त शनिवार को राज्यसभा सदस्य रामगोपाल यादव ने सभापति को एक नोटिस देकर पुरी के खिलाफ विशेषाधिकार हनन की कार्यवाही शुरू करने की मांग कर दी थी।

बिपाशा बसु : बिपाशा ने कहा कि अन्ना हमारे सच्चे नेता हैं और उनके जोश ने सभी को इस बारे में जागरूक कर दिया है कि हम भ्रष्टाचार को दूर कर सकते हैं।

लता मंगेशकर : लता जी ने कहा कि अन्ना हजारे के आत्मविश्वास, प्रतिज्ञा और युवाओं समेत हर वर्ग से उन्हें मिले समर्थन में बता दिया है कि यदि हम भारतीय चाहें तो हर असंभव को संभव बना सकते हैं। मैं अन्ना जी को सलाम करती हूं। जय हिन्द!

शबाना आजमी–'आज एक नई शुरुआत है। लोगों को अहिंसा की शक्ति दिखाने के लिए अन्ना की प्रशंसा कीजिए। मुझे भारतीय होने पर गर्व है।'

महेश भट्ट–'अन्ना और वे सभी, जो उनके साथ खड़े रहे, खुश होने के अधिकारी हैं। अन्ना को बधाई! सरकार के पास इस आंदोलन को रोकने का नैतिक साहस नहीं था, क्योंकि उनके हाथ खून से रंगे हुए थे।'

करन जौहर–'लोगों के तूफान ने सरकार को हिला दिया और इस बार उन्हें छिपने के लिए कोई जगह नहीं है। अन्ना हजारे एक आंधी है।'

अनुपम खेर–'अन्ना जी आपने असंभव को संभव कर दिया। संसद जनता के लिए बहस कर रही है। अन्ना हजारे, जन-लोकपाल टीम और इस देश के लोगों को उनके उत्साह और विश्वास के लिए धन्यवाद।'

आमिर खान का सुझाव : सुनने में आया है कि सांसदों के घरों के बाहर उनका घेराव करना भी आमिर खान का आइडिया था। अन्ना जी को पसंद आ गया। सुझाव मान लिया। प्रधानमंत्री, राहुल गांधी, सलमान खुर्शीद आदि के घरों के बाहर वह सब हुआ...किंतु अहिंसात्मक। यह उपाय काम आया।

14

जब नेहरू ने पूछा–'यह किस चिड़ियाघर का प्राणी है...'

इस समय (2011) में कांग्रेस पार्टी के प्रवक्ता अभिषेक मनु सिंघवी ऐसे व्यक्ति हैं, जो किसी भी मामले को अपनी पार्टी के पक्ष में पलटने की महारत रखते हैं। इस समय वे संयुक्त संसदीय समिति के अध्यक्ष पद पर आसीन हैं।

नेहरू जी के प्रसंग को शुरू करने से पहले संयुक्त संसदीय समिति की बात कर लेते हैं। इस समिति में सभी पार्टियां अपनी संसदीय संख्या को ध्यान में रखकर नाम भेजती हैं। इन नामों पर स्वीकृति की मोहर पार्लियामेंट स्पीकर लगाता है। उन नामित सांसदों में से स्पीकर ही किसी एक को संयुक्त संसदीय समिति का अध्यक्ष नियुक्त करता है। इस समिति का कार्यकाल एक वर्ष का होता है। हर वर्ष नई समिति बनती है। इसमें पुराने सदस्य, पुराना अध्यक्ष पुन: लिए जा सकते हैं।

कमेटी गौर करेगी अध्यादेश पर

पुरानी संयुक्त संसदीय समिति में कुछ परिवर्तन हुए हैं। कुछ और परिवर्तन भी संभावित हैं। इस समय (सितम्बर, 2011 के शुरू में) जो स्थिति है, वह कुछ ऐसे है–

संयुक्त संसदीय समिति को 'स्थायी संसदीय समिति' नाम देना अधिक ठीक माना जाता है। कुछ इसे संसदीय स्थायी समिति कहना अधिक ठीक मानते हैं।

पुरानी समिति के अध्यक्ष थे अभिषेक मनु सिंघवी। वही पुनर्गठित समिति के अध्यक्ष (चेयरमैन) बने रहे। उन्हीं की अध्यक्षता में जन-लोकपाल का भविष्य बनेगा अथवा बिगड़ेगा। समय ही बताएगा कि सिंघवी का कहना–'कोई आश्चर्यजनक सिफारिश भी दे सकते हैं।' कहां तक ठीक होगा।

कमेटी में जो दो नए सदस्य मनोनीत हुए हैं, वे हैं– कीर्ति आजाद और अर्जुन मेघवाल।

पहले के सदस्य जो 2011 में गठित समिति में बने रहेंगे, वे हैं–

हरेन पाठक, डी. बी. चंद्रगौड़ा, राम जेठमलानी, बाबा आप्टे तथा खगेण दास।

अगस्त-सितम्बर में एक खबर आई थी कि ये सदस्य कमेटी से हट भी सकते हैं। (किंतु यह जानकरी पुष्ट नहीं हो पाई थी)–लालू प्रसाद यादव तथा अमर सिंह।

संसदीय स्थायी समिति एक साल के कार्यकाल के लिए बनाई जाती है। यह कार्मिक, लोक शिकायत, विधि और न्याय मंत्रालय से सबंधित होती है।

पहले माफी फिर नाम वापस लेने की घोषणा

मनीष तिवारी ने लोकपाल पर गठित स्थायी समिति से खुद को अलग करने की घोषणा 31 अगस्त, 2011 को कर दी थी, किंतु अगले ही दिन पार्टी की ओर से बयान आ गया कि वे समिति में बने रहेंगे।

क्या था मसला

मनीष तिवारी कांग्रेस के प्रवक्ता हैं। पहली बार सांसद बने हैं। उन्होंने अन्ना हजारे पर बहुत-से आरोप लगाते हुए भद्दी भाषा का प्रयोग भी किया था। उन्होंने यह भी कह दिया था कि अन्ना हजारे ऊपर से नीचे तक भ्रष्टाचार में लिपटे हुए हैं।

मनीष तिवारी ने समिति से अलग होने के अपने फैसले पर कहा कि वे लोकपाल विधेयक पर होने वाली चर्चाओं पर किसी तरह के विवाद की छाया नहीं पड़ने देना चाहते हैं।

तिवारी ने महाराष्ट्र सरकार के गठित सांवत आयोग की रिपोर्ट का हवाला देकर अन्ना पर भ्रष्टाचार में लिप्त होने के गंभीर आरोप लगाए थे, लेकिन बाद में अन्ना के पक्ष में पूरे देश में उठे समर्थन को देखते हुए उन्होंने बिना शर्त माफी मांग ली।

अब नेहरू जी का लोकपाल से जुड़ा प्रसंग

'भाषा' द्वारा तैयार रिपोर्ट देखिए–

बड़ा अजीब-सा संयोग है कि कई दशक पहले जिस सांसद ने 'लोकपाल' शब्द गढ़ा और भारत के 'औम्बुड्समैन' की अवधारणा पेश की, आज उसी का बेटा उस संसदीय समिति का अध्यक्ष है, जो भ्रष्टाचार के खिलाफ इस विधेयक पर गौर करेगी।

विधि मामलों की संसदीय स्थायी समिति के अध्यक्ष अभिषेक मनु सिंघवी के पिता एल.एम. सिंघवी ने 1960 के दशक की शुरुआत में 'लोकपाल' शब्द गढ़ा था और इसकी नियुक्ति की मांग भी की थी।

तत्कालीन प्रधानमंत्री जवाहरलाल नेहरू ने बार-बार औम्बुड्समैन की नियुक्ति की मांग करने वाले सिंघवी से कहा था, 'यह किस चिड़ियाघर का प्राणी है? डॉक्टर सिंघवी! आपको इसका स्वदेशीकरण करना होगा।'

डॉ. सिंघवी ने इस पद का हिन्दी रूपांतरण करते हुए इसे लोकपाल नाम दिया और इसके सहयोगी को लोकायुक्त बताया।

सिंघवी ने 1963 से 1967 तक लोकपाल विधेयक के लिए अभियान चलाया, लेकिन चूंकि वे निर्दलीय सांसद थे इसलिए वे कोई कानून नहीं ला पाए।

अब उनके बेटे और कांग्रेस नेता अभिषेक मनु सिंघवी की अध्यक्षता वाली समिति को अन्ना हजारे की उन तीन मांगों पर गौर करना है, जिसे संसद ने उसके पास 27 अगस्त, 2011 को भेजा था।

चुनाव घोषणा पत्र में लोकपाल

संसदीय कार्य राज्यमंत्री राजीव शुक्ला ने कहा कि लोकपाल के मुद्दे पर सरकार में कोई मतभेद नहीं है।

उन्होंने कहा कि कांग्रेस के चुनाव घोषणा-पत्र में लोकपाल के गठन का वादा किया गया है और सरकार ने भ्रष्टाचार से निबटने के लिए बीते दो सालों में अनेक कदम उठाए हैं।

राजीव शुक्ला ने इस अनुमान को खारिज कर दिया कि बीमारी के कारण कांग्रेस अध्यक्ष सोनिया गांधी के उपलब्ध नहीं होने के कारण अन्ना के साथ विवाद सुलझाने में देरी हुई।

उन्होंने साथ ही यह भी कह दिया–'यह सही है कि अगर सोनिया गांधी देश में होतीं तो विवाद सुलझाने में मदद मिलती, लेकिन इस बारे में उनके नाम को घसीटना सही नहीं होगा।'

सलमान खुर्शीद ने माना

अन्ना टीम के साथ लोकपाल से जुड़ी वार्ता में अहम भूमिका निभाने वाले केन्द्रीय कानून मंत्री सलमान खुर्शीद ने अन्ना के अनशन खत्म करने का स्वागत किया।

मंत्री ने माना कि पिछले दो हफ्तों में (16 अगस्त से 28 अगस्त तक) के घटनाक्रमों से सरकार की लोकप्रियता में कमी आई है, लेकिन आने वाले दिनों में इसकी भरपाई हो जाएगी।

15

'भ्रष्टाचारी छूटते रहेंगे'– खुशवन्त सिंह

वरिष्ठ पत्रकार तथा ब्लिट्ज के पूर्व सम्पादक खुशवंत सिंह, जो कभी भी जीवन की सैंचुरी पूरी कर सकते हैं, को लोकपाल बिल से कोई बड़ी उम्मीद नहीं। अन्ना जी के प्रयत्नों से यदि विधेयक आ भी गया तो भ्रष्टाचार खत्म होगा, इसकी उन्हें कम ही उम्मीद है। उन्होंने लिखा है–

हालांकि अन्ना हजारे महाराष्ट्र में काफी प्रसिद्ध हैं। मैंने उनके बारे में इस साल (2011) के शुरू से पहले नहीं सुना। अब मैं हर वक्त यही सुनता हूं।

मैंने अपने जीवन में कभी भी राष्ट्रीय ध्वज को इतना ज्यादा फहराते हुए नहीं देखा और न ही इतने ज्यादा लोग देश से भ्रष्टाचार खत्म करने के लिए हवा में मुट्ठियां लहराकर नारेबाजी लगाते दिखे।

यह कहना बहुत आसान है। आप मुझसे लिखवा लीजिए कि संसद में लोकपाल बिल पास होने से भ्रष्टाचार खत्म होने वाला नहीं है और चाहे उसमें प्रधानमंत्री शामिल किए जाएं या न किए जाएं।

जिस तरह अन्ना हजारे इस मामले को ले रहे हैं और सरकार की जो प्रतिक्रिया है, इसे देखकर मेरे मन में संदेह होने के कारण हैं। ऐसे लोग हैं जो भ्रष्ट तरीके अपनाते हुए पकड़े गए, लेकिन अन्ना हजारे ने उनका जिक्र नहीं किया।

मेरे मन में ऐसे नाम आते हैं जैसे नटवर सिंह और बूटा सिंह। दोनों केन्द्र सरकार में कैबेनिट मंत्री थे। नटवर सिंह विदेश मंत्री थे। उन्होंने इराकी सरकार

से तेल के बदले खाद्य सामग्री देने का सौदा किया। उनके बेटे ने इस सौदे में ढेरों कमाई की। नटवर को अपने पद से हाथ धोना पड़ा। उन्होंने विदेशी मामलों में अपनी खासियत भाजपा को देने की पेशकश की, बशर्ते कि वह उन्हें राज्यसभा में ले आए।

भाजपा नेताओं ने नटवर सिंह की पेशकश पर कोई ध्यान नहीं दिया।

नटवर अब 80 के हो गए हैं और भरतपुर में अपने घर पर रहते हैं। उनकी तरफ कोई ध्यान देने वाला भी नहीं है सिवाय नौजवान वरुण गांधी जैसे लोगों के, जो दिल्ली से भरतपुर नटवर सिंह के जन्मदिन की बधाई देने जाते हैं।

बूटा सिंह के बेटे ने अपने कुकर्मों को खुद मंजूर किया और बिना किसी जुर्माने के केवल उससे पूछताछ हुई। अगर अन्ना हजारे कुछ करना चाहते हैं तो वे पहले इन भूतपूर्व मंत्रियों को सजा दिलवाएं, इससे पहले कि आज जो भ्रष्टाचार है या भविष्य में जो होगा, उसकी बात करें।

न तो नटवर सिंह और न ही बूटा सिंह पर मुकदमा चला और न कभी सजा मिली। जवाब सीधा है, किसी ने भी इंडियन पैनल कोड और क्रिमिनल प्रोसीजर कोड की समुचित धाराओं को जानने की कोशिश नहीं की, जो इन दोनों लोगों के दुष्कर्मों के खिलाफ लगाई जा सकती, ताकि इन्हें सजा दिलाई जा सकती।

डींग मारना

मैं इस निष्कर्ष पर पहुंचा हूं कि हमारे देश के लोग डींग बहुत मारते हैं। हमें दुनिया के सर्वश्रेष्ठ क्रिकेटरों में आंका गया। हमारा हरेक क्रिकेटर कई गुना करोड़पति है। जब हमारी टीम इंग्लैंड गई तो हर किसी ने सोचा था हमारे लड़के अंग्रेजों को सिखा देंगे कि यह खेल कैसे खेलना चाहिए।

असल में जो हुआ, वह यह कि अंग्रेज टीम ने हमें रौंद दिया और हमारे खिलाड़ियों को अच्छा सबक सिखा दिया। वे एक भी मैच जीते बिना घर लौट आए और उनकी जबरदस्त बेइज्जती हुई।

मैं क्योंकि मेलिशियस हूं इसलिए मुझे अपने लड़कों की फजीहत से बहुत खुशी हुई। सबसे ऊपर की सीढ़ी से सबसे नीचे गिरा दिए गए।

(यह हिस्सा युवाओं के लिए दिया है, जो क्रिकेट में विशेष रुचि रखते हैं।)

नेताओं के लिए अभिशाप

विद्वान खुशवंत सिंह ने श्री संदीप दीवान का यह 'पीस' चुना और दिया भी। आपके लिए इसे यहां भी दे रहे हैं—

मेरा नाम अन्ना हजारे है।

मैं किसी मकसद के लिए लड़ता हूं।

उसका असर हमने देख लिया है।

मेरी सरकार बहुत बड़ी मूर्ख निकली।

मैंने अपना प्रोटैस्ट व्रत से शुरू किया

जो जितना हो सकता तब तक जारी रहता,

भ्रष्टाचार, बदनामी और रिश्वत के खिलाफ हूं।

और मैं इस कौम का नेतृत्व करने की शपथ लेता हूं।

बशर्ते कि मैं आखिरी बार अपनी बात कर लूं।

और भारत को अंतत: वह दिन देखना नसीब हो।

जब प्रत्येक भारतीय गर्वपूर्वक भ्रष्टाचारी को पकड़ने की घोषणा करे।

मैं जनता के लिए अन्ना हूं।

लेकिन अपने निर्वाचित मालिकों के लिए अभिशाप हूं।

भ्रष्टाचार के खिलाफ जारी रहेगी अन्ना की जंग

16

बिल पर किसने लिया कैसा स्टैंड

अन्ना के जन-लोकपाल के लिए सभी पार्टियां तथा उनमें भी नेताओं के भिन्न-भिन्न विचार थे। सबके सब अन्ना विधेयक के पक्ष में नहीं थे और सबके सब इसके विरोध में नहीं थे। किसी ने सीधे माना तो किसी ने कुछ शर्तों के साथ। कुछ ने इसे नकारा, कुछ ने इसे स्वीकार किया।

यहां हम कुछ नेताओं के छोटे-छोटे बयान या विचार दे रहे हैं, जो उन्होंने अन्ना के जन-लोकपाल के प्रति अलग-अलग मौकों पर प्रकट किए।

भाजपा इसे चुनाव में भुनाएगी

भ्रष्टाचार के खिलाफ अन्ना हजारे के आंदोलन के समर्थन में खुलकर उतरी भाजपा इसे चुनावी राजनीति में भुनाने का कोई मौका नहीं छोड़ेगी। उत्तर प्रदेश के चुनावी मैदान में मायावती सरकार के खिलाफ भ्रष्टाचार के मुद्दे पर चलाए जाने वाले अभियान में अन्ना के आंदोलन के समर्थन देने को भी पार्टी नए एजेंडें में शामिल करेगी।

पार्टी अध्यक्ष नितिन गडकरी ने भी साफ कर दिया है कि भाजपा पूरी तरह से अन्ना हजारे के भ्रष्टाचार मुक्त पारदर्शी लोकतांत्रिक व्यवस्था के आंदोलन के साथ खड़ी है।

सीताराम येचुरी, माकपा

सीताराम येचुरी ने कहा था-'हम चाहते थे कि प्रधानमंत्री को लोकपाल विधेयक में लेने पर गहन विचार-विमर्श हो और इन्हें भी लोकपाल के दायरे में

जरूर लिया जाए। जन-लोकपाल विधेयक में अन्ना के तीन मुद्दों को शामिल करने की मांग का हम समर्थन करते हैं।'

उन्होंने तुरंत यह भी कह दिया–'किंतु यह सब संविधान के दायरे में ही होना चाहिए...सरकार को नया विधेयक लाना चाहिए, जिसमें लोकपाल और जन-लोकपाल की अच्छी बातों को शामिल किया जाए।'

दारा सिंह चौहान, बसपा

दारा सिंह चौहान, बहुजन समाज पार्टी के सांसद ने कहा कि सामाजिक भ्रष्टाचार पर चर्चा हो। दूध-का-दूध, पानी-का-पानी हो ही जाना चाहिए।

चौहान का कहना था–'सामाजिक भ्रष्टाचार और गैर-बराबरी पर भी चर्चा की जानी चाहिए।' उन्होंने यह बात जोर देकर कही–'नीति कितनी भी अच्छी हो, नीयत में खोट हो तो सामाजिक विकास करना कठिन हो जाता है।'

बसपा के इस प्रवक्ता ने कहा–'हम अन्ना की तीनों मांगों का समर्थन तभी करेंगे, जब उसमें अनुसूचित जाति, जनजाति, अल्पसंख्यकों की भीतरी भागीदारी हो।'

मतलब सशर्त समर्थन दे रहे थे अन्ना को। ऐसा चौहान ने स्पष्ट कर दिया था।

हम टीवी से परेशान हैं–शरद यादव

शरद यादव ने केन्द्र सरकार से कहा कि तीनों बातों को मान लीजिए और इस डिब्बे को बंद कराइए, यह हमें सोने नहीं देता।

लोकसभा में शरद यादव ने अन्ना प्रकरण को लेकर इलेक्ट्रॉनिक मीडिया के रवैये पर नाराजगी जताई। उन्होंने टीवी चैनलों का जिक्र डिब्बा कहकर किया तो पूरा सदन ठहाकों से गूंज उठा।

शरद यादव ने कहा–'डिब्बा दिन-रात सिर्फ एक ही बात को दिखा रहा है, जो ठीक नहीं।'

रेवती रमण सिंह, सपा

समाजवादी पार्टी के रेवती रमण सिंह ने कहा–'प्रधानमंत्री को लोकपाल के दायरे में रखने की हम वकालत करते हैं। सशर्त वकालत तो रक्षा, विदेश और आंतरिक सुरक्षा विभागों को इससे मुक्त रखने की होनी चाहिए।

उन्होंने कहा–'सदन में सरकारी लोकपाल विधेयक, जन-लोकपाल विधेयक, अरुणा राय एवं जयप्रकाश नारायण के निजी विधेयक पर सामूहिक चर्चा होनी चाहिए। यह आवश्यक समझें।'

उन्होंने कांग्रेस पर प्रहार करते हुए कहा—'टीम अन्ना के आंदोलन को इस स्थिति में पहुंचाने के लिए कांग्रेस तथा केन्द्र सरकार जिम्मेदार है।'

लालू प्रसाद तथा रामविलास पासवान

इन दोनों ने बिल पर हो रही बहस के समय अपने तेवर स्पष्ट कर दिए थे। वे दोनों इस बिल के पक्ष में नहीं थे। ये स्थायी समिति में भी शायद विरोध करें।

अरुण जेटली–भाजपा

राज्यसभा में विपक्ष के नेता अरुण जेटली ने लोकपाल की मंत्रियों और नौकरशाहों के फोन टैप करने का अधिकार दिए जाने की सिविल सोसायटी की मांग को सिरे से खारिज कर दिया।

अरुण जेटली ने कहा—'प्रधानमंत्री, गृहमंत्री, वित्तमंत्री और विभिन्न एजेंसियों के बीच बेहद संवेदनशील मुद्दों तथा मसलों पर फोन पर बातचीत होती रहती है। लोकपाल की जांच के लिए फोन टैपिंग के अधिकार दिए जाने की बात एकदम अस्वीकार्य है। फोन टैपिंग की इजाजत किसी को भी नहीं होनी चाहिए।

सतीश चंद्र–बहुजन समाज पार्टी

बीएसपी के सतीश चंद्र मिश्रा ने अपनी बात किस प्रकार रखी, हम भ्रष्टाचार को खत्म करने के पक्ष में हैं, पर अन्ना हजारे के जन-लोकपाल विधेयक के पक्ष में पूरी तरह नहीं हैं, क्योंकि उसमें दलित, आदिवासी, पिछड़े तथा अल्पसंख्यकों को अनिवार्य नहीं बनाया गया। लोकपाल की नियुक्ति का अधिकार राज्यों को होना चाहिए।'

अश्विनी कुमार

उन्होंने कहा—'अन्ना के अनशन और रामलीला मैदान में जो कुछ हो रहा है, उससे मैं व्यथित हूं, लेकिन इस तरह की कोई मांग नहीं की जानी चाहिए जिससे सांसदों और संसद की नीयत पर सवाल उठें।'

सवालों के घेरे में अन्ना के साथी

विश्व हिंदू परिषद के अध्यक्ष अशोक सिंघल ने बुजुर्ग गांधीवादी नेता अन्ना हजारे के साथियों को कटघरे में खड़ा करते हुए कहा कि उनमें से कई ऐसे हैं, जिन पर खुद सवालिया निशान लगा है। अन्ना के कुछ साथियों को लेकर उन्हें आपत्ति है। उन्होंने कहा कि वे स्वयंसेवी संस्था चलाकर करोड़पति बने हुए हैं। उन पर नजर

रखने की जरूरत है। उन्होंने कहा कि इस बात की जांच होनी चाहिए कि आंदोलन में कुछ स्वयंसेवी संस्थाएं किस स्वार्थ से लगी रहीं। उन्होंने आंदोलन में राष्ट्रीय स्वयंसेवक संघ की भूमिका होने से भी इनकार नहीं किया।

अलग-अलग दलों की अलग-अलग राय

प्रधानमंत्री को दायरे में रखना

1.	भाजपा	–	हां, किंतु सशर्त
2.	कांग्रेस	–	विचाराधीन
3.	सपा	–	सशर्त
4.	द्रमुक	–	हां
5.	माकपा	–	सशर्त

निचले स्तर के कर्मी

1.	भाजपा	–	हां
2.	कांग्रेस	–	सशर्त
3.	जनतादल (यू)	–	हां
4.	समाजवादी पार्टी	–	हां
5.	तृणमूल पार्टी	–	हां
6.	द्रमुक पार्टी	–	नहीं
7.	माकपा	–	सशर्त

संसद में सांसद

1.	भाजपा	–	नहीं
2.	कांग्रेस	–	नहीं

जज-न्यायपालिका

1.	भाजपा	–	नहीं
2.	कांग्रेस	–	नहीं

सीबीआई

1.	भाजपा	–	हां
2.	कांग्रेस	–	विचाराधीन

भ्रष्टाचार के खिलाफ जारी रहेगी अन्ना की जंग

राज्यों में लोकायुक्त

1.	भाजपा	–	हां
2.	कांग्रेस	–	विचाराधीन
3.	जद यू	–	हां
4.	तृणमूल	–	हां
5.	द्रमुक	–	नहीं
6.	माकपा	–	सशर्त

सिटीजन चार्टर

1.	भाजपा	–	हां
2.	कांग्रेस	–	सशर्त
3.	जद यू	–	हां
4.	तृणमूल	–	हां
5.	माकपा	–	हां

दण्ड देने का हक

1.	भाजपा	–	हां
2.	कांग्रेस	–	सशर्त

आंदोलन से सीख लें–नरेन्द्र मोदी

गुजरात के मुख्यमंत्री, जो अपने कड़े तेवरों के लिए भी जाने जाते हैं, ने कहा–'उन लोगों को अन्ना के अहिंसक आंदोलन से सीख लेनी चाहिए, जो नक्सलवाद और आतंकवाद के रास्ते पर चल रहे हैं।'

मोदी ने अन्ना के अनशन समाप्त करने के कुछ देर बाद सोशल नेटवर्किंग साइट ट्विटर पर लिखा–'अन्ना का यह आंदोलन इस विश्वास को और मजबूत बनाता है कि भारतीयों के डीएनए में अहिंसा है।' उन्होंने लिखा कि नक्सलवाद और आतंकवाद के रास्ते पर चलने वालों को अहिंसा की ताकत स्वीकार करनी चाहिए।

मुख्यमंत्री नरेन्द्र मोदी के अनुसार–'अन्ना का अहिंसक आंदोलन भारत और मानवता को मजबूत करेगा...उनका यह विश्वास सही है।'

17

सरकार को परेशान कर देगा नया एजेंडा

अन्ना हजारे ने मात्र बारह दिनों में भारत सरकार को पटखनी दे दी। तेरहवें दिन उन्होंने अनशन तोड़ा। उनके साथ टीम अन्ना के हौसले बहुत ही बढ़ गए। अहिंसा को भी उन्होंने अपना अस्त्र बनाए रखा। देश-भर के लोगों को अन्ना ने बार-बार कहा कि वे शांति बनाए रखें। किसी भी प्रकार से देश की किसी भी सम्पत्ति को हानि न पहुंचाएं। किसी तरह की तोड़-फोड़ न करें। किसी भी तरह से अशांति पैदा न करें और हिंसा से पूरी तरह दूर रहें।

केन्द्र सरकार ने सदन में सभी पार्टियों के सहयोग से अन्ना हजारे की बात मानी। उनके आंदोलन को सफल होने का पत्र भी उन्हें सौंपा गया। अन्ना ने 5 अप्रैल से 27 अगस्त, 2011 तक कई उतार-चढ़ाव देखे। इनमें उन्हें उत्साहित करने वाली घटनाएं कम थीं और हतोत्साहित कर देने वाले षड्यंत्र अधिक थे, फिर भी न तो अन्ना हजारे ने हिम्मत हारी और न ही टीम अन्ना ने।

अपनी जीत को उन्होंने आधी कामयाबी बताया। इसे भी जनता की ही जीत कहा। उन्होंने तब तक अपनी जंग जारी रखने की घोषणा की, जब तक वे सिस्टम (व्यवस्था) को परिवर्तित नहीं कर लेते। इसके लिए उन्होंने संघर्ष करने का आह्वान किया और तब तक नहीं रुकने की बात कही, जब तक सिस्टम को बदल नहीं लेते।

नए एजेंडे

अन्ना जी ने नये एजेंडों की भी घोषणा कर दी थी। उन्होंने जो भी नए टारगेट फिक्स किए, उनसे सत्ता में बैठे लोगों की उलझनें बढ़ना निश्चित है। उनकी परेशानियां बढ़ जाएंगी, तभी तो अच्छा होगा कि सरकार बीच का रास्ता अपनाकर

चले। किसी भी मुद्दे पर जनता की आवाज को महत्त्व दे और स्वयं अड़ियल रवैया न अपनाए।

अन्ना हजारे बार-बार कह चुके हैं कि वे सत्ता-परिवर्तन के लिए नहीं, व्यवस्था-परिवर्तन के लिए मैदान-ए-जंग में उतरे हैं। सरकार कोई भी हो या किसी भी पार्टी की हो, उससे अन्ना जी को कुछ लेना-देना नहीं। उन्हें तो देश की भ्रष्ट तथा बिगड़ चुकी व्यवस्था में सुधार करना है। यही उनका लक्ष्य है। यूपीए हो या एनडीए, उन्हें जो आवश्यक परिवर्तन लाने हैं, उसी के लिए संघर्ष करते रहेंगे।

जन-लोकपाल लाने के तुरंत बाद जो अन्य मुद्दे उनकी नजर में हैं, जिनमें सुधार की जरूरत है, यहां उन्हीं में से कुछ मुद्दों पर संक्षिप्त बात करते हैं-

अन्ना जी के नये एजेंडे के ऐलान ने राजनीतिक दलों की उलझने बढ़ा दी हैं। कांग्रेस ही नहीं, सभी पार्टियां तथा दल अब पशोपेश में हैं। कभी यह सत्ता में होगी तो कभी वह। अन्ना हजारे का गुस्सा उस पर जरूर बरसेगा जिसके हाथ में सत्ता होगी। यह मौका किसी को भी मिल सकता है। अतः अन्ना जी के एजेंडे ने सभी पार्टियों की मुश्किलें बढ़ा दी हैं। भले ही वे खुलकर कुछ न कहें।

कुछ मुद्दों पर राजनेता अन्ना से सहमत हैं, किंतु टीम अन्ना के तौर-तरीके उन्हें खटक भी रहे हैं। खुलकर कोई बोले तो कैसे? अन्ना जी के तेवरों से उन्हें डर लगने लगा है।

उन्होंने अपने नए एजेंडे में जो बात रखी, यह सबको भयभीत कर रही है। उसके तहत मतदाताओं को चुने हुए जन-प्रतिनिधियों को वापस बुलाने (राइट टू रिकॉल) का अधिकार मिलना चाहिए। भला राजनेता इसे आसानी से मान भी लें तो कैसे?

चुनाव में खड़े उम्मीदवारों में किसी को भी न चुनने का अधिकार (राइट टू रिजेक्ट) होना चाहिए। वैसे राइट टू रिकॉल तथा राइट टू रिजेक्ट एक ही है। भिन्न हैं तो भी भ्रष्ट व निकम्मे नेताओं पर ही गाज गिरेगी, सब पर नहीं।

अन्ना जी शिक्षा में सुधार करने की भी बात कह चुके हैं। वे शिक्षा को व्यापार या दुकानदारी बनाए जाने के विरुद्ध हैं।

अन्ना हजारे ने रामलीला ग्राउंड के मंच से ही 27 अगस्त को जो भावी योजनाएं बताईं, उनमें सत्ता विकेन्द्रीकरण की बात कही है। इसका मकसद ग्राम सभाओं को मजबूत बनाना है।

अन्ना जी ने भूमि सुधार व पुलिस सुधार को भी अपने एजेंडे में बताया।

ऐसे ही कुछ अन्य मुद्दे भी अन्ना जी ने उठाए, जिन्हें हमने पुस्तक में यत्र-तत्र दिया भी है। उन्होंने अपनी इस 27 अगस्त की सफलता से यह दर्शा दिया है कि देश की त्रस्त हो चुकी जनता उनके साथ है और वे सिस्टम में ड्रॉस्टिक चेंज लाकर रहेंगे।

अन्ना के ये शब्द भी देखें

- यह लड़ाई परिवर्तन की है।
- यह लड़ाई की शुरुआत-भर है।
- जब तक पूरा परिवर्तन नहीं आ जाता, तब तक हमें यह मशाल जगाए रखनी होगी।
- हमें चुनाव व्यवस्था को बदलना होगा।
- हमें मतदाताओं को अपने प्रतिनिधियों को वापस बुलाने और नापसंद करने के अधिकार देने के बारे में सोचना होगा।

कुछ विशेष प्रतिक्रियाएं

- **भाजपा की प्रतिक्रिया :** भाजपा के राष्ट्रीय प्रवक्ता शाहनवाज हुसैन का कहना था–'सत्ता के विकेन्द्रीकरण के पक्ष में तो भाजपा शुरू से ही रही है। रही बात चुनाव सुधार की, तो भाजपा इसकी मांग बहुत पहले से करती आ रही है। ऐसे में पार्टी को अन्ना के नए एजेंडे से कोई दिक्कत नहीं है।'

- **कांग्रेस की प्रतिक्रिया** अन्ना के एजेंडे के बारे में कांग्रेस प्रवक्ता, राशिद अल्वी ने कहा–'चुनाव सुधार ही क्यों, ऐसे बहुत सारे मुद्दे हैं, जिन पर अन्ना या फिर दूसरा कोई भी सहयोग करे तो अच्छी बात है।'

  उन्होंने आगे कहा–'अन्ना की कोशिश अच्छी हो सकती है, लेकिन जिस तरीके से आमरण अनशन पर बैठकर उन्होंने संसद, सरकार और सांसदों के बारे में माहौल बनाया, वैसा भविष्य में नहीं होना चाहिए।'

- **समाजवादी पार्टी की प्रतिक्रिया :** सपा के राष्ट्रीय महासचिव एवं

राज्यसभा सदस्य मोहन सिंह का कहना था–'राइट टू रिकॉल की बात तो लोकनायक जयप्रकाश नारायण ने भी कही थी, लेकिन भारतीय चुनाव व्यवस्था में यह व्यावहारिक नहीं है।'

उन्होंने साथ ही यह भी कह दिया, 'विभिन्न मुद्दों पर टीम अन्ना के तौर-तरीकों को जायज नहीं ठहराया जा सकता।'

- **लोकदल की प्रतिक्रिया :** राष्ट्रीय लोकदल प्रमुख चौधरी अजित सिंह ने कहा–'चुनाव सुधार जरूरी है। चुनाव आयोग इस बारे में कुछ कर भी रहा है। अपराधी लोगों के चुनाव लड़ने पर रोक लगनी ही चाहिए।'

पुलिस पर मारपीट का लगाया आरोप

यह आरोप टोटल टीवी के कैमरामैन संदीप शर्मा ने शनिवार (27 अगस्त) को लगाया था।

रिपोर्ट के अनुसार–अन्ना हजारे के अनशन स्थल रामलीला मैदान पर शनिवार को एक कैमरामैन के साथ कथित तौर पर हुई मारपीट के बाद पुलिस और मीडिया में तकरार हो गई। मारपीट की घटना टोटल टीवी के संदीप शर्मा नामक कैमरामैन के साथ हुई।

शर्मा के अनुसार, जब वह रामलीला मैदान के द्वार संख्या एक से प्रवेश कर रहे थे तो एक पुलिस अधिकारी से उनका विवाद हो गया। कैमरामैन का आरोप है कि पुलिसकर्मियों ने उनके साथ मारपीट की और उनका कैमरा तोड़ दिया। इस घटना के बाद मीडियाकर्मियों ने मंच के निकट पहुंचकर वरिष्ठ अधिकारियों से दोषियों के खिलाफ जांच की मांग की।

जब इस घटना की जानकारी हजारे के साथी प्रशांत भूषण को मिली तो उन्होंने आश्वासन दिया कि वे मीडिया की तरफ से पुलिस अधिकारियों से बात करेंगे। बातचीत हुई...मामला बीच-बचाव के कारण वहीं खत्म हो गया।

तब नोटिस भी न दिए जाते

निष्पक्ष लोगों का मानना है कि यदि अन्ना तथा टीम अन्ना भविष्य के बड़े-बड़े एजेंडे की बातें बढ़-चढ़ कर नहीं कहते तो सरकार ने आसानी से लोकपाल विधेयक दे देना था। सरकार ने जब देख लिया कि इनकी मांग बढ़ती रहेंगी तो उन्हें भी तेवर बदलने पड़े और अवमानना के नोटिस लाने पड़े।

18

न माया मिली, न राम

जिन नेताओं ने, विशेषकर कांग्रेस की जानी-मानी हस्तियों ने अन्ना हजारे पर कीचड़ उछाला, उन्हें सेना से भगौड़ा तक कहा, उन्हें ऊपर से नीचे तक भ्रष्ट कहा, उनके द्वारा जन्मदिन पर भारी रकम खर्च करने का आरोप लगाया, ट्रस्ट के पैसे का मिसयूज किया...जैसे घिनौने आरोप लगाए, वे आरोप विभिन्न हस्तियों द्वारा गलत बताए गए। इस तरह के आरोप लगाने वाले लोगों के सारे सपने धराशायी हो गए।

कुछ लोगों ने शांति भूषण तथा प्रशांत भूषण पर भी आरोप लगाकर आंदोलन को ताड़पीड़ो करने की सुनियोजित कोशिश की। उनकी भी हर बात बेबुनियाद रही तथा आंदोलन अपनी गति से आगे बढ़ता रहा।

कुछ लोगों ने किरण बेदी पर भी उन्हें आर्थिक झमेले में घेरते हुए पैसे के गलत इस्तेमाल के आरोप लगाए, मगर वे भी गलत पाए गए।

एक वरिष्ठ मंत्री ने आंदोलन को चलाने के लिए धन के स्रोत पर भी प्रश्नचिह्न लगा दिया, किंतु उनका यह आरोप भी झूठ का पुलिंदा निकला और ट्रस्ट अपनी साफ छवि दिखा पाया।

कुछ युवाओं ने बाइकों पर सवार होकर, हाथों में तिरंगे लेकर भी हुड़दंग मचाया जिससे शांतिपूर्वक चल रहे आंदोलन को नुकसान पहुंचाने का सोचा-समझा षड्यंत्र कुछ देर तक अग्रसर तो हुआ, मगर यह भी शीघ्र नियंत्रण में आ गया। इनमें से कुछ युवकों ने सिर पर अन्ना की टोपी भी पहन रखी थी तथा अन्ना समर्थन में नारे भी लगाए। रात के समय किए गए इस घटिया प्रदर्शन पर टीम अन्ना तथा इस आंदोलन से जुड़े अग्रणी लोगों ने ऐसे अभद्र व्यवहार की निंदा करते हुए कह भी दिया कि ये शरारती तत्व हैं और इनका आंदोलन से कोई वास्ता नहीं। इन्हें अन्ना

समर्थक इसलिए न माना जाए, क्योंकि अन्ना जी बार-बार अहिंसात्मक आंदोलन की वकालत करते रहे। वे इसे हर अवस्था में शांतिपूर्वक चलाने का आह्वान करते थे।

अन्ना जी ने इतना भी कह रखा था यदि हालात ऐसे बन जाएं कि पुलिस उन्हें बंदी बनाती है तो वे विरोध नहीं करेंगे। लाठियां पड़ेंगी तो सहन करेंगे। उन्हें खदेड़ने की कोशिश की तो भी वे भागें नहीं। अहिंसा को ही अपना अस्त्र-शस्त्र बनाकर आंदोलन को आगे ले जाएंगे। इसीलिए ग्राउंड में गड़बड़ी करने वाले बाइक राइडर्स को आंदोलन का हिस्सा न माना जाए।

इस प्रकार शरारती तत्वों की यह योजना भी बेकार गई तथा ग्राउंड में समर्थन न मिलने पर छोकरे मैदान छोड़कर चले गए। आंदोलन अपनी शांत गति में आगे बढ़ता रहा।

आंदोलन को बदनाम करने, इसे तहस-नहस करने के सारे प्रयास बेकार गए। ऐसे नेताओं व उनके साथियों की एक न चली। उन्हें न माया मिली, न राम।

हां, जन-लोकपाल बिल पर संसद में जमकर खींचतान चली। लोकसभा के ही नहीं, राज्यसभा के दृश्य भी एक-से थे। अन्ना हजारे की तीनों मांगों पर राजनीतिक दलों ने अपने-अपने तर्क दिए। किसी ने साथ दिया तो किसी ने बिल की हवा निकालने में कोई कसर न छोड़ी।

आप मानेंगे कि दोनों सदनों में कुछ लोग अन्ना के आंदोलन के साथ थे तो कुछ नहीं। कुछ ने शर्तों के साथ भी समर्थन दिया।

अंत में जन-जन की बुलंद आवाज ने संसद में जनतंत्र को जीत दिला दी। जनतंत्र ने राजतंत्र को पटखनी दे दी। शुरुआत से ही जन-लोकपाल का कड़ा विरोध कर रही सत्ता में बैठी कांग्रेस ने जन-लोकपाल का विरोध किया और इसे लंबे समय तक लटकाए रखा। इस राजनीतिक पार्टी को अंत में....जनता की आवाज के साथ हां-में-हां मिलानी पड़ी। इसी को तो कहते हैं कि उन्हें न माया मिली, न राम।

किंतु-परंतु नहीं चली सत्तारुढ़ पार्टी की

राजनीति से जुड़े विशेषज्ञों ने कह ही दिया ना-नुकर के बाद कांग्रेस ठंडी पड़ी थी।

वे विवरण के पक्ष में अपनी बात को ठीक बताते हुए घटनाक्रम को कुछ इस प्रकार कहते थे—कांग्रेस ने अनशन तोड़ने के लिए सामाजिक कार्यकर्ता तथा गांधीवादी अन्ना हजारे की तीन मांगों का समर्थन तो किया, किंतु संवैधानिक दायरे के अंतर्गत इनमें कुछ सुधार की भी आवश्यकता जताई।

जन-लोकपाल के गठन संबंधी मुद्दों पर लोकसभा में सदन के नेता प्रणव मुखर्जी की स्टेटमेंट पर चर्चा में हिस्सा लेते हुए कांग्रेस के संदीप दीक्षित खुलकर बोले। उन्होंने अपने मन के उद्गार सफलतापूर्वक प्रकट किए।

उन्होंने ऐसा भी कहा—'हमारी पार्टी तीनों मांगों का समर्थन करती है, लेकिन उनमें थोड़ा संशोधन तो करना ही पड़ेगा।'

दीक्षित का कहना था—'टीम अन्ना ने अब तक खुद अपने जन-लोकपाल विधेयक में दस से बारह बार संशोधन किए, जिससे स्प्ष्ट होता है कि जन लोकपाल विधेयक में अभी भी संशोधन की गुंजाइश है।'

संदीप दीक्षित ने लोकपाल के दायरे में केन्द्रीय जांच ब्यूरो को शामिल किए जाने को लेकर चर्चा की जरूरत बताई।

उन्होंने लोकपाल एवं लोकायुक्त की नियुक्तियों के मुद्दे पर मॉडल विधेयक तैयार करने की आवश्यकता जताई, लेकिन साथ ही उन्होंने इसमें कुछ संबंधित प्रावधान भी जोड़े जाने की वकालत की।

दीक्षित ने नागरिक अधिकार पत्र की मांग का भी समर्थन किया। उन्होंने छोटे अधिकारियों को भी लोकपाल के दायरे में लाने के लिए एक मॉडल तैयार करने की आवश्यकता जताई।

संदीप दीक्षित ने न्यायपालिका को लोकपाल के दायरे से अलग रखे जाने की वकालत करते हुए कहा कि इसके लिए न्यायिक जवाबदेही विधेयक संसद में लाए जाने की सराहना की।

अंत में वही हुआ जो अन्ना हजारे चाहते थे। वह नहीं हुआ, जो कांग्रेस के महारथी करने के लिए आश्वस्त थे तथा दूरदर्शन पर बड़ी-बड़ी बयानबाजी कर अन्ना तथा अन्ना टीम पर छींटाकशी कर रहे थे।

अन्ना की बातें मानने में आनाकानी करते रहने के रवैये पर एक परिपक्व नेता ने तो इतना भी कह दिया था—'उन्होंने प्याज तथा डंडे दोनों खाए।'

19

सांसदों के विरुद्ध टिप्पणी—
संसद की अवमानना

अन्ना हजारे के रामलीला मैदान में बने मंच से अन्ना टीम की पूर्व उच्च पुलिस अधिकारी किरण बेदी तथा अभिनेता ओमपुरी ने अलग-अलग समय पर अलग-अलग तरीके से सांसदों के विरुद्ध की टिप्पणियां उनकी निजी थीं। इन टिप्पणियों ने लोकसभा तथा राज्यसभा सांसदों को काफी नाराज किया। नतीजतन इन दोनों को संसद की अवमानना का नोटिस भेजा गया।

देश के ज्यादातर सांसद अनपढ़ तथा गंवार हैं, यह बात ओमपुरी ने कही और यह उन्हीं के गले पड़ गई। 26-27 अगस्त को ओमपुरी रामलीला ग्राउंड पहुंचे तो थे अन्ना जी को समर्थन देने, किंतु अपनी कथनी के कारण वे बुरी तरह मुसीबत में फंस गए।

मंच से सांसदों के खिलाफ की टिप्पणी पर उनके खिलाफ राज्यसभा में संसद की अवमानना की शिकायत कर दी गई।

जो बात ओमपुरी ने मंच से कही, उसका कुछ हिस्सा इस प्रकार था 'जब आईएएस व आईपीएस अफसर इन्हें (मतलब सांसदों को) सैल्यूट करते हैं तो यह देखकर मैं शर्मिंदा हो जाता हूं।'

ओमपुरी ने आगे कहा—'ये नेता कौन हैं? अनपढ़! इनका बैकग्राउंड क्या है? आधे से ज्यादा एमपी गंवार हैं।'

अब जानिए कि सांसद किस हद तक अनपढ़ हैं। आप स्वयं जान लेंगे कि ओमपुरी का कथन पूरी तरह गलत था या नहीं। आज के सांसद अच्छे-खासे पढ़े-लिखे हैं।

वर्तमान संसद का रिकॉर्ड जिस सच्चाई का गवाह है, वह यह है–

- लोकसभा में कुल 545 सांसद हैं।
- इनमें से 260 सांसद स्नातक हैं मतलब ग्रेजुएट हैं।
- देखिए, 142 स्नातकोत्तर हैं मतलब एम.ए. तक पढ़े-लिखे हैं।
- संसद में 22 सांसद (पुरुष) पीएच. डी. हैं, जबकि 2 सांसद (महिला) भी पीएच. डी. हैं अर्थात् कुल 24 सांसद पीएच. डी. हैं।
- इस लोकसभा में 47 सांसद इंटरमीडिएट हैं।
- 32 सांसदों ने मैट्रिक पास की हुई है।
- 20 सांसद ऐसे भी हैं, जिन्होंने मैट्रिक पास नहीं किया।
- संसद में 9 सांसद अण्डर ग्रेजुएट हैं।
- 8 सांसदों ने डिप्लोमा कर रखा है।
- 254 सांसद ऐसे हैं जो दो या अधिक बार चुनाव जीतकर लोकसभा पहुंचे हैं।
- इस लोकसभा में 291 सांसद ऐसे हैं, जो पहली बार जीतकर संसद भवन पहुंचे हैं।

देश के 80 फीसदी सांसद ग्रेजुएट हैं, अनपढ़ नहीं। सांसदों के अनपढ़ व गंवार होने वाली टिप्पणी सरासर झूठी रही। गलत बयानबाजी। इसके अतिरिक्त ओमपुरी ने सांसदों पर बोतल देकर, नोट देकर वोट लेने का जो आरोप लगाया, उसका भी सांसदों ने लोकसभा पटल पर विरोध किया।

ओमपुरी अब अपना स्टैंड बदलकर कई बार सदन से माफी मांग चुके हैं। जबकि 29 अगस्त तक किरण बेदी अपनी बात पर अड़ी रहीं तथा बुलाने पर वे सांसदों के सम्मुख उपस्थित होकर अपना केस स्वयं लड़ेंगी–ऐसा भी कह दिया, किंतु घटनाक्रम गंभीर होता गया।

अन्ना कोर कमेटी आई घेरे में

अन्ना कोर कमेटी के मुख्य सदस्य प्रशांत भूषण और किरण बेदी पहले संसद के विशेषाधिकार हनन के नोटिस पा चुके थे। अरविंद केजरीवाल को भी तीन सितम्बर की शाम ऐसा नोटिस देकर सभी प्रभावी अन्ना सहयोगियों को सरकार ने मुसीबत में डाल दिया है। केजरीवाल पहले भी 9 लाख की रिकवरी में फंस चुके हैं। इस प्रकर कह नहीं सकते कि आंदोलन का क्या होगा।

संसद तथा सांसद–इन्हें आदर दें

अन्ना के आंदोलन के दौरान लोगों की खरी-खोटी सुन-सुनकर तंग आ चुके नेताओं ने संसद में कहा कि सांसदों के खिलाफ अभद्र भाषा का इस्तेमाल किया गया और उन्हें बदनाम भी किया जा रहा है।

राज्यसभा में समाजवादी पार्टी (सपा) के रामगोपाल यादव ने कई उदाहरण दिए। उन्होंने यह भी कहा कि कम पढ़े-लिखे लोगों ने भी कड़ी मेहनत से साम्राज्य खड़ा किया। संसद में 80 फीसदी सांसद ग्रेजुएट या उससे भी ज्यादा पढ़े-लिखे हैं (जिसका विवरण हम इसी अध्याय में दे चुके हैं।)।

ओमपुरी के खिलाफ लोकसभा तथा राज्यसभा में जबकि किरण बेदी के खिलाफ केवल राज्यसभा में नोटिस दिए गए। यह स्थिति थी 29 अगस्त तक की। लोकसभा में भी सपा के ही सांसद शैलेन्द्र कुमार ने यह मामला 29 अगस्त को उठाया। उन्होंने जोरदार शब्दों में ओमपुरी पर कार्यवाही करने की वकालत की।

पहले प्रशांत भूषण (2 सितम्बर) और फिर अरविंद केजरीवाल (3 सितम्बर) भी किरण बेदी की तरह फंस गए हैं। प्रशांत भूषण, किरण बेदी और केजरीवाल 3 सितम्बर की रात को स्वयं को निर्दोष मानते रहे तथा उन्होंने कहा कि वे नोटिस का उचित जवाब देंगे।

प्रशांत भूषण के पिता शांति भूषण भी कह चुके हैं कि कोर कमेटी के किसी भी सदस्य ने संसद के किसी भी सदन की अथवा सांसदों की अवमानना नहीं की। वे नोटिस का माकूल जवाब देंगे।

अन्ना जी की भाषा पर भी प्रश्नचिह्न

जो प्रभावी कोर कमेटी है, उसके तीनों सदस्य विशेषाधिकार हनन के नोटिस पा चुके हैं। वे चाहे कुछ भी कहें, मगर उनके मन की शांति तो अवश्य भंग हुई है। वे जिस लोकपाल के लिए लम्बे समय से काम कर रहे थे, उस पर भी बुरा प्रभाव पड़ेगा।

अब देश में यह भी बहस शुरू हो गई है कि टीम अन्ना के नायक अन्ना हजारे भी लगातार ऐसे शब्दों का प्रयोग करते रहे हैं, जिन्हें संसद के विशेषाधिकार का हनन होता है। उनके सदन के सदस्यों पर लगाए आरोप भी तो विशेषाधिकार हनन के दायरे में आते हैं। जैसे आचार्य बालकृष्ण के बाद बाबा रामदेव को लपेटा जा रहा है। लोग आशंकित हो उठे हैं। उन्हें भय लग रहा है कि कहीं अन्ना जी को भी संसद का नोटिस न आ पहुंचे। अपने गांव से 3 सितंबर, 2011 को अन्ना जी ने फिर कहा कि सरकार के कुछ मंत्री झूठ बोलते हैं।

यदि ऐसा होता है तो जन-लोकपाल का क्या होगा, ईश्वर ही जाने। क्या सरकार इस बात से भी डर चुकी है कि जन-लोकपाल के बाद अन्ना के बाकी एजेंडा जैसे चुने हुए नेताओं को वापस बुलाने का अधिकार, पुलिस सुधार, भूमि सुधार, ग्रामीणों को अधिक शक्तियां, दागी नेताओं को रोकने के लिए चुनाव सुधार जैसे मुद्दे आने पर बड़ी परेशानी होगी।

अनुचित दृष्टिकोण

श्री ओ.पी. कौशिक कहते हैं–(ढकौली से)–कांग्रेस को भ्रष्टाचार की देशव्यापी दावानल को दमित करने के लिए अन्ना के जनांदोलन की हकीकत इसलिए स्वीकार्य नहीं, क्योंकि वह इसके पीछे भाजपा व राष्ट्रीय स्वयंसेवक दल को मानती है।

इससे कांग्रेस के दो अनुचित अनैतिक व अलोकतांत्रिक दृष्टिकोण स्पष्ट होते हैं। पहला यह कि देश में व्याप्त भयावह विकृतियों व विकट समस्याओं के खिलाफ आवाज उठाने का हक भाजपा व आरएसएस को नहीं है।

दूसरा यह कि ऐसा कोई भी विरोध लोकतांत्रिक नहीं यानी इन दोनों का कोई भी विरोध वास्तविक व मान्य नहीं। यह एक अमंगलकारी व पापयुक्त पूर्वाग्रह व

दुराग्रह है। कांग्रेस इन दोनों से शांतिपूर्ण विरोध का संवैधानिक अधिकार छीनना चाहती है यानी इनका कोई भी विरोध जायज या काबिलेगौर नहीं।

कांग्रेस का यह रवैया लोकतंत्र व संविधान का घोर अपमान है। जाने क्यों कांग्रेस दलों के लोकतांत्रिक व संवैधानिक अधिकारों को पांवों तले कुचलकर आगे निकल जाना चाहती है? तो क्या यह सिद्ध किया जा रहा है कि सारे हक केवल कांग्रेस के हैं? इस रवैये की वकालत जनता से विश्वासघात है। कांग्रेस अपनी दुश्मनी का जहर जनता को न पिलाए।

(ये विचार लेखक श्री कौशिक के निजी हैं।)

प्रशांत भूषण ले रहे स्टैंड

3 सितम्बर, 2011 तक प्रशांत भूषण ने काफी मजबूत स्टैंड लिया। उनके पिता तथा पूर्व कानून मंत्री शांति भूषण ने कहा कि प्रशांत ने कुछ गलत नहीं किया। उन्होंने सदन या सांसदों की कहीं अवमानना नहीं की।

प्रशांत मानते है कि उन्हें नोटिस मिला है, जो कि अन्यायपूर्ण है। उनका कहना था–'जनहित में सच कहना विशेषाधिकार का हनन नहीं हो सकता।' उन्होंने आगे कहा कि यदि जनहित में सच बोलना विशेषाधिकार का हनन है तो अब समय आ गया है, जब संसदीय विशेषाधिकार की पूरी अवधारणा पर ही पुनर्विचार किया जाए।

संसद का आईना दिखाएंगी

किरण बेदी ने भी विशेषाधिकार हनन के नोटिस के बारे में कहा कि यदि उन्हें संसद में बुलाया गया तो वे सांसदों को बड़ा आईना दिखाएंगी।

राष्ट्रपति पद–'सफेद हाथी'–शरद यादव ने

जहां तक आरोप लगाने या अवमानना करने की बात है, इस पर पक्ष-विपक्ष की कई बातें आईं। अभी-अभी 2 सितम्बर 2011 को शरद यादव (जे.डी.यू. अध्यक्ष) तथा सांसद ने जो कहा, वह चकित कर देने वाला है। उन्होंने राष्ट्रपति तथा राज्यपालों के पदों पर ही कड़े प्रहार कर दिए। दिल्ली के एक सेमिनार में उन्होंने राष्ट्रपति पद को सफेद हाथी और राज्यपाल पद को बूढ़ी गाय तक कह दिया। उनका ऐसा कहना काबिले-बरदाश्त है या नहीं, कौन जाने!

20

मीडिया पर पक्षपात का आरोप

अन्ना हजारे के आंदोलन तथा उसमें उनके द्वारा किया गया अनशन हमारी सरकार को हिला देने वाला था। सरकार में बैठी बड़ी-बड़ी हस्तियां मानती हैं कि उनकी सफलता के पीछे टीवी चैनल मतलब इलेक्ट्रॉनिक मीडिया तथा प्रिंट मीडिया ने भी उनके पक्ष में माहौल बनाया। चौबीसों घंटे पल-पल की जानकारियां, रामलीला ग्राउंड, इंडिया गेट, गेटवे ऑफ इंडिया, गांवों-शहरों व सभी प्रांतों से कवरेज देते रहे। यदि वे ऐसा न करते तो सरकार के विरुद्ध इतना जनमत कभी न खड़ा होता।

24 घंटे कवरेज करना गलत

भ्रष्टाचार के खिलाफ अन्ना के आंदोलन की जीत हुई, लेकिन कुछ मीडिया विशेषज्ञों ने इस आंदोलन का 24 घंटे कवरेज करने वाले न्यूज चैनलों पर प्रश्नचिह्न लगाए।

उनका मानना है कि टीवी चैनलों में 74 वर्षीय अन्ना के पक्ष में कवरेज कर ठीक नहीं किया।

चंदन मिश्रा पायनियर अखबार के प्रबंध निदेशक तो हैं ही, इसका संपादन भी करते हैं। वे मीडिया चैनलों के पक्ष में उतरें। उन्होंने चैनलों द्वारा की कवरेज की वकालत की। उनके ये शब्द काबिलेगौर थे–'मुझे लगता है पूरी मुहिम में मीडिया ने अच्छा काम किया है।'

विरुद्ध बोले

मीडिया अध्ययन केन्द्र के निदेशक भास्कर राव ने कहा–'अपने स्वभाव से ही न्यूज चैनल पक्षपातपूर्ण माध्यम है जब भी कोई बड़ा मुद्दा या ऐसा अभियान सामने

आता है, वे इसमें सबसे आगे रहना चाहते हैं। यह चलन है और हर जगह व्याप्त है। अन्ना की मुहिम में यह कुछ ज्यादा ही देखने को मिला।'

उन्होंने आगे कहा–'यहां प्रमुख मुद्दा भ्रष्टाचार था, पर मीडिया ने इस मुद्दे को उठाने वाले अन्ना और उनकी टीम को ज्यादा तवज्जो दी।'

पक्षपात किया

प्रसिद्ध टीवी एंकर करन थापर ने कहा–'मीडिया, खासकर न्यूज़ चैनलों ने अन्ना की मुहिम का पक्ष लिया और सरकार के नजरिए को पूरी तरह प्रस्तुत नहीं किया।'

उन्होंने यह भी कहा–'अन्ना की उन मांगों को नहीं दिखाया, जिनसे संवैधानिक समस्या खड़ी हो सकती है।'

आलोचक की भूमिका नहीं निभाई

आउटलुक पत्रिका के प्रधान संपादक विनोद मेहता ने कहा–'मेरा मानना है कि इलेक्ट्रॉनिक मीडिया इस आंदोलन में अन्ना पक्ष के कुछ पहलुओं पर आलोचक की भूमिका निभाने में असफल रहा। मीडिया को अपने कवरेज में संतुलित रवैया रखना चाहिए।

डिब्बे से दिक्कत

संसद में 27 अगस्त, 2011 को जनता दल यूनाइटेड के नेता शरद यादव ने कहा था–'मुझे इस डिब्बे (टेलीविजन) से दिक्कत है। यह सोने नहीं देता। दिन-रात एक ही बात दोहराता रहता है।'

संसद के खिलाफ

द्रमुक सांसद टी.के.एस. इलानगोवन ने लोकसभा सदन में आरोप लगाया था कि मीडिया संसद के खिलाफ अन्ना के आंदोलन से जुड़ गया, जो अच्छी बात नहीं थी।

किरण बेदी ने उड़ाया मजाक

शरद यादव, सांसद तथा पूर्व मंत्री ने कहा–'इसी तरह टीवी में दिखाया जा रहा था कि एक पुलिस अधिकारी रह चुकी महिला (किरण बेदी) ओढ़नी या दुपट्टा ओढ़कर राजनेताओं के बारे में उल्टी-सीधी बात कह रही थी।

उन्होंने हजारे पक्ष से कहा–'आप इतना सब कुछ कर रहे हैं, लेकिन हमारे सहने की ताकत देखिए कि हम अभी भी आपसे मोहब्बत से, प्यार से, इज्जत से सलाम करके चल रहे हैं। एक बात मान लीजिए कि सलाम एकतरफा नहीं चलेगा। वहां जो लोग मीटिंग में बैठे हैं, वे चाहते हैं कि हम लोग मर्यादा में रहें तो इसके लिए वे भी मर्यादा में रहें।'

टीआरपी बढ़ाने का चक्कर

टीवी चैनलों के पक्षपात के रवैये पर अपनी चिंता जताते हुए बसपा के सांसद दारा सिंह चौहान ने कहा–'टेलीविजन चैनलों को अपनी टीआरपी बढ़ाने के लिए काफी कुछ करना पड़ा।' सपा के रेवती रमण सिंह ने मांग की कि प्रिंट और इलेक्ट्रॉनिक मीडिया को लोकपाल के दायरे में लाना चाहिए।

मीडिया की भूमिका पर प्रहार

द्रमुक सदस्य टी.के.एस. इलानगोवन ने भी आंदोलन में मीडिया की भूमिका पर प्रहार किया और कहा कि उसने भ्रष्टाचार के खिलाफ संघर्ष को संसद और संविधान के खिलाफ संघर्ष में बदल दिया है। उन्होंने कहा–'लोकतंत्र में जनता जज होती है, मीडिया नहीं। इस प्रकार द्रमुक को भी टीवी चैनलों की आंदोलन के दौरान की भूमिका पक्षपातपूर्ण लगी।

विदेशी मीडिया में भी अन्ना का बोलबाला

भारतीय मीडिया ने चौबीस घंटे अन्ना के आंदोलन को हवा दी, पूरा समर्थन दिया एवं कमेंट्स भी लगातार अन्ना आंदोलन के पक्ष में तथा सरकार के विरुद्ध देते रहे। भारत में तो ऐसा हुआ, किन्तु विदेशी प्रिंट मीडिया ने भी अन्ना को बहुत सपोर्ट किया। थोड़ी-सी जानकारी नीचे दी जा रही है–

द गार्डियन

ब्रिटेन में छपने वाले 'द गार्डियन' का अपना विशेष स्थान है। यह विश्व के प्रमुख समाचार पत्रों में गिना जाता है।

इस दैनिक ने लिखा–'अन्ना हजारे के पास न तो गांधी की तरह कद है और न ही वैसी ख्वाहिशें। जितना लम्बा संघर्ष महात्मा गांधी ने किया, इन्हें नहीं करना पड़ा, फिर भी अन्ना एक ऐसे मुद्दे को लेकर खड़े हुए, जो लोगों के लिए अहम

है। इस मुद्दे को भुनाने के लिए हजारे ने जो संघर्ष किया, इसने उन्हें बुलंदियों पर पहुंचा दिया।'

वाल स्ट्रीट जर्नल

'वाल स्ट्रीट जर्नल' एक प्रमुख पत्रिका है, जो अमेरिका से छपती है। यह वित्तीय अखबारों में प्रमुख है। इसने लिखा कि सरकार को अन्ना हजारे की मांगों के सामने झुकना पड़ा और भ्रष्टाचार विरोधी विधेयक में उनकी मांगें स्वीकार करनी पड़ीं।

पत्रिका ने लिखा–'गांधीवादी कार्यकर्ता ने भ्रष्टाचार से निबटने की देश की राजनीतिक इच्छा को परखने वाले इस आंदोलन से उपजे संकट को खत्म करते हुए 13वें दिन अपना अनशन समाप्त कर दिया।'

वाशिंगटन पोस्ट

अन्ना को भारतीय सुधारवादी कार्यकर्ता माना है।

वाशिंगटन पोस्ट ने लिखा है कि भ्रष्टाचार के खिलाफ अपने अनशन से अन्ना ने देश को प्रेरित किया। उन्होंने भारतीय संसद को अपने मुद्दों पर समर्थन देने के लिए बाध्य कर देने का कमाल कर दिखाया।

उन्होंने मांगें मनवा लेने के प्रधानमंत्री के लिखित आश्वासन के बाद 12वें दिन अनशन तोड़ने की घोषणा की। उन्होंने 13वें दिन प्रातः सवा दस बजे (भारतीय समयानुसार) अनशन खोल दिया। देश-भर से हर वर्ग से मिले समर्थन के बल पर अन्ना हजारे को यह शानदार सफलता प्राप्त हुई।

न्यूयॉर्क टाइम्स

'न्यूयॉर्क टाइम्स' अमेरिका का नम्बर वन तथा प्रतिष्ठित समाचार पत्र है। उसने लिखा–

भारतीय संसद ने 27 अगस्त, 2011 को भ्रष्टाचार के विरुद्ध अभियान चलाने वाले अन्ना हजारे के आगे आत्मसमर्पण कर दिया।

'न्यूयार्क टाइम्स' ने इतना तक लिख दिया–'दिल्ली में एक दिन के मोल भाव और भाषणबाजी के बाद संसद में अन्ना हजारे की मुख्य मांगों को समर्थन देने वाले प्रस्ताव को स्वीकार कर लिया गया। यह अन्ना हजारे की जीत थी, इससे इन्कार नहीं किया जा सकता।'

21

अन्ना हजारे की दमदारी का कमाल

पिछले दो वर्षों में हुए घोटालों, बढ़ती महंगाई और बेरोजगारी पर काबू पाने में असफल रही सरकार अपनी असफलताओं को छुपाने के लिए साम, दाम, दंड और भेद सभी प्रकार के हथकंडे अपनाकर चल रही है। जून माह में बाबा रामदेव तथा उनके निहत्थे अनुयायियों पर आधी रात को जिस तरह लाठी और गोली का इस्तेमाल हुआ तथा अब अन्ना हजारे व उनके सहयोगियों को जिस तरह पकड़ा गया है, उसको देखकर स्पष्ट हो गया है कि मनमोहन सिंह सरकार एक भयग्रस्त सरकार है और भयग्रस्त सरकार कभी भी संतुलित फैसले नहीं ले सकती।

महात्मा गांधी ने कहा था–'लोकतंत्र की सबसे ऊंची कसौटी यह है कि जब तक व्यक्ति दूसरे के जान-माल को हानि न पहुंचाए, तब तक उसे जो चाहे वह करने की आजादी होनी चाहिए।'

अन्ना हजारे तथा उनके सहयोगियों ने देश में बढ़ते भ्रष्टाचार के विरुद्ध जो अभियान छेड़ा है, उसमें आज तक किसी ने भी किसी को हानि नहीं पहुंचाई। स्वयं सरकार भी कोई ऐसी घटना नहीं बता सकी, जिसको आधार बनाकर अन्ना हजारे तथा उनके साथियों को अनशन से रोका जा सकता। अंदेशे को आधार बनाकर जिस तरह भ्रष्टाचार विरोधी आंदोलन का देश में नेतृत्व कर रहे अन्ना हजारे, केजरीवाल, शांति भूषण और किरण बेदी तथा उनके प्रमुख सहयोगियों को गिरफ्तार किया गया, यह सरकार का अलोकतांत्रिक कदम है।

लोकतंत्र में जनता की आवाज को महात्मा गांधी ने ईश्वर की आवाज के रूप में स्वीकार किया है। हजारे व उनके सहयोगियों की गिरफ्तारी के बाद देश-भर में हजारों-लाखों लोग अन्ना के समर्थन में सड़कों पर जिस तरह निकल आए हैं, सरकार को शायद इस बात का अंदाजा नहीं था। एक लोकतांत्रिक ढंग से चुनी हुई

सरकार सत्ता के नशे में आमजन से किस तरह दूर हो जाती है, मनमोहन सिंह की वर्तमान सरकार उसी बात का उदाहरण है। यह सारा वृतांत हमें विद्वान लेखक श्री इरविन खन्ना के लेख 'अन्ना हजारे दमदार, पसोपेश में सरकार' से मिला है। इसे 'उत्तम हिंदू' ने अपने अगस्त, 2011 के एक अंक में प्रकाशित किया। उसी लेख को साभार आप सबके लिए यहां प्रस्तुत कर रहे हैं। बहुत-सी निष्पक्ष जानकारियां समेटे है यह लेख–

महाभारत में आता है कि 'प्रजा का कार्य ही राजा का कार्य है, प्रजा का सुख ही उसका सुख, प्रजा का प्रिय ही उसका प्रिय है तथा प्रजा के हित में ही उसका अपना हित है, प्रजा के हित में ही उसका सर्वस्व है, अपने लिए कुछ भी नहीं।'

आज लोकतंत्र का युग है। राजा की जगह लोगों द्वारा चुनी हुई सरकार ने ले ली है। इस सरकार का आधार भी लोग हैं और उद्देश्य भी लोकहित है।

जब लोगों को लगता है कि सरकार जनहित के प्रति संवेदनहीन होती जा रही है, तब ये गैर-सरकारी संगठनों तथा गैर-राजनीतिक नेतृत्व के झंडे तले अपनी आवाज को बुलंद करते हैं। सरकार, उसके मंत्री तथा कांग्रेस दल के नेता जिस प्रकार अन्ना हजारे के आंदोलन को दबाने का प्रयास कर रहे थे, जिस तरह की भाषा और नीति का प्रयोग कर रहे हैं (थे), उससे अन्ना हजारे का आंदोलन एक जन-आंदोलन में बदल चुका है। देश का आम आदमी अन्ना हजारे की आवाज में अपनी आवाज सुनाता रहा है।

लोकतंत्र की सफलता व असफलता जनप्रतिनिधियों की कारगुजारी पर बहुत अधिक निर्भर करती है। अपने पड़ोसी देशों और विश्व के अन्य देशों पर नजर दौड़ाएं तो पाएंगे कि जब-जब किसी भी सरकार ने जनता की भावनाओं को

अनदेखा किया है तथा सत्ता के नशे में जन की आवाज को अनसुना किया है, तब-तब वहां पर जनता ने सत्ता परिवर्तन किया है।

देश में ही पश्चिम बंगाल में आया सत्ता परिवर्तन एक जीवन्त उदाहरण है। तीन दशक से सत्ता पर कब्जा किए वामपंथियों की सरकार ने जब जनता की आवज को सुनना बंद कर दिया तो ममता बनर्जी जन-आवाज के रूप में उठीं और एक लंबे संघर्ष के बाद वे पश्चिमी बंगाल में सत्ता पलटने में सफल रहीं।

राजधर्म के बारे में महाभारत में यह भी कहा गया है कि राजा को चाहिए कि वह अपने भय से दूसरों के भय से, पारस्परिक भय से तथा अमानुष भयों से अपनी प्रजा को सुरक्षित रखे।

वर्तमान सरकार की सबसे बड़ी समस्या ही यह है कि वह स्वयं भयमुक्त नहीं है। अगर वह स्वयं भयमुक्त होती तो न तो वह अन्ना हजारे तथा उनके सहयोगियों को गिरफ्तार करती और न ही बाबा रामदेव व उनके अनुयायियों पर आधी रात को पुलिस को लाठीचार्ज तथा गोली चलाने का हुक्म देती। अपनी कुर्सी के छिन जाने के भय से ग्रस्त यूपीए की सरकार देश तथा जनहित को पहचानने में भी असफल होती दिखाई दे रही है।

संविधान और संसद सर्वोच्च है। इन दोनों की सर्वोच्चता को कोई भी चुनौती नहीं दे रहा। अतीत में जिन लोगों ने संविधान के विरुद्ध जाने की कोशिश की, उनको लोगों ने किस तरह अर्श से फर्श पर ला दिया था, यह बात कांग्रेस तथा विशेषत: गांधी परिवार भली-भांति जानता है।

वर्तमान मनमोहन सरकार लोगों में यह भ्रांति फैलाकर अपना हित साधने की कोशिश कर रही है कि अन्ना हजारे उनके साथी संसद की सर्वोच्चता को चुनौती दे रहे हैं। अगर संसद की सर्वोच्चता को चुनौती दी जा रही होती तो कांग्रेस के साथ विपक्ष खड़ा दिखाई देता। वर्तमान स्थिति तो यह है कि यूपीए सरकार के सहयोगी भी अन्ना हजारे के प्रति अपनायी सरकार की नीति को लेकर सरकार के साथ खड़े दिखाई नहीं दे रहे हैं।

सहयोगी दलों की चुप्पी भी सरकार की कमजोरी को ही दर्शा रही है। देश का दुर्भाग्य है कि लोकतांत्रिक सरकार में आज सत्ता का नेतृत्व असफल हो रहा है। विपक्ष की स्थिति भी पक्ष से बेहतर नहीं है। सरकार का विकल्प अगर जनता विपक्ष में पा लेगी तो क्या सत्ता परिवर्तन हो जाता?

महंगाई, भ्रष्टाचार से ग्रस्त आम आदमी अन्ना हजारे के रूप में उस आदमी को देख रहा है, जो शायद भ्रष्टाचार व महंगाई जैसे महारोगों से उन्हें छुटकारा दिला सके।

संविधान में समय-समय पर हुए संशोधनों के पीछे जनता की आवाज ही रही है। समय के साथ आ रहे परिवर्तनों को जब समय की सरकारों ने नहीं समझा, तब जनता को अपनी आवाज बुलंद करनी पड़ी।

जनता की आवाज को दबाने के लिए प्रत्येक सरकार ने लाठी, गोली का इस्तेमाल किया, लेकिन जनता तभी शांत हुई जब उनकी सुनी गई।

वर्तमान सरकार को लाठी व गोली का रास्ता छोड़कर बातचीत का रास्ता अपनाना होगा। लोकपाल बिल को लेकर बनी कमेटी की नजर-गुजारी से यह स्पष्ट संकेत मिले हैं कि सरकार ने समय लेने के लिए तथा समाज के प्रतिनिधियों को भटकाने व भंवर में डालने के लिए एक नहीं अनेक प्रयास किए।

भ्रष्टाचार व महंगाई के मुद्दे के अलावा अन्य मुद्दे थे इसलिए सरकार अपने नापाक इरादों में सफल नहीं हो पा रही है।

देश में लाखों लोगों का गिरफ्तारी देना ही दर्शाता है कि सरकार जनता से दूर होती चली जा रही है। सरकार सत्ता के बल पर शायद कुछ समय के लिए अपने इरादों में सफल हो सकती है, लेकिन सरकार की नीयत व नीति का आने वाले पांच राज्यों की विधानसभा चुनावों में बुरा असर पड़ेगा।

सरकार को चाहिए कि वह दबाव की नीति को त्यागकर तथा भयमुक्त होकर भ्रष्टाचार के मामले पर सार्वजनिक बहस शुरू करे तथा अन्ना हजारे व उनके सहयोगियों को भी हठ और अहम के रास्ते को त्यागकर अपना मत जनता तथा जनता के प्रतिनिधियों के बीच रखना चाहिए।

विपक्ष अगर उत्पन्न हुई स्थिति का राजनीतिक लाभ उठाने का प्रयत्न करेगा तो उसे नुकसान होगा। समय की मांग है कि दलगत राजनीति से ऊपर उठकर तथा जनहित व देशहित को सम्मुख रखकर भयमुक्त होकर विचारकर कर्म करने की है। अगर पक्ष और विपक्ष देश तथा जनता के प्रति आज अपनी भूमिका निभाने में सफल हो जाते हैं, तो यह भारत के उज्ज्वल भविष्य की तरफ उठा एक बड़ा कदम माना जाएगा। क्या हमारे नेता अपनी जिम्मेदारी ईमानदारी से निभा पाएंगे? यही प्रश्न आज उत्तर मांग रहा है।

यहां हम यह कह दें कि सरकार तथा अन्ना में जो समझौता 27 अगस्त को लिखित रूप से हुआ, उसके परिणाम अभी आगे आने हैं। परिणाम कैसे होंगे, यह सरकारी पक्ष पर निर्भर करता है। ऊपर दिए लेख की मंशा तो यही है कि सरकार वक्त की नजाकत को समझे। दूध देना ही है तो उसमें मेंगन मत डालें, तभी अन्ना हजारे भी शांत व संतुष्ट रह पाएंगे।

22

बेनकाब हुई कुछ तोपें

पहले तो बस सुगबुगाहट ही थी कि सत्ता में विशेषकर कांग्रेस में बैठे कुछ मंत्री शुरू से ही अन्ना जी के आंदोलन की हवा निकालने में लगे हैं। यदि कोई उन बड़ी तोपों का नाम लेता तो भी दबी आवाज में। कोई इशारे-इशारे में कह देता... वही कनाट प्लेस वाले हैं। दूसरा कहता वही तो हैं जिनके विरुद्ध मुख्यमंत्री जयललिता ने देश के प्रधानमंत्री मनमोहन सिंह को शिकायत करते हुए कहा था कि वह तो इस काबीना मंत्री को सांसद भी मानने को तैयार नहीं. ..और कोई भिन्न संकेत करते हुए कह देता...वकील हैं न...सत्ता में आकर अपनी नहीं चलाएंगे तो उनकी कद्र कौन करेगा। मतलब है कि जितने मुंह उतनी कहानियां। कोई स्वामी अग्निवेश को भी लपेटता और उनकी सत्तापक्ष से सांठ-गांठ बताता।

अब अरविंद केजरीवाल ने कैमरे के सामने आकर उन बडी तोपों को बेनकाब करते हुए उनके नाम को ही उजागर कर दिया। वैसे भी हम पिछले तीन-चार दिनों से...मतलब 24 अगस्त से हमने देखा कि प्रधानमंत्री ने कपिल सिब्बल तथा पी. चिदंबरम को समझौता की प्रक्रिया से पूरी तरह दूर रखा। इन चार-पांच दिनों में लोग भी अंदाजा लगा रहे थे कि यही दो व्यक्ति हो सकते हैं, जो बनी बनाई या पक रही खीर में राख डालते हैं। ये बनती बात बिगाड़ने का काम करते रहे हैं। अत: 27 अगस्त को पार्लियामेंट के सत्र में चल रही बहस में उनका कहीं नाम नहीं था। नामोनिशान नहीं था। इसी से लोग समझ गए थे कि इन दो महानुभावों को डॉ. मनमोहन सिंह ने दरकिनार कर दिया तो जरूर दाल में काला रहा होगा, तभी तो वे सदन में चुप बैठे रहे—ऐसा भी लोग कहते हैं।

अब अरविंद केजरीवाल ने एक साक्षात्कार में स्पष्ट भी कर दिया कि सारा खेल

बिगाड़ने वाले यही दो वरिष्ठ लोग थे। यह बात उन्होंने 28 अगस्त को तब कही, जब अनशन को टूटे हुए पांच-छह घंटे बीत चुके थे।

अब मिलिए विद्वान लेखक श्री वीरेन्द्र कपूर से। उन्होंने भी केजरीवाल के आरोप तथा लोगों के अन्दाजे को स्पष्ट कर दिया। उन्होंने पी. चिदंबरम के बारे में यह कहा –

पी. चिदंबरम

गृहमंत्री पी. चिंदबरम ने अन्ना हजारे को खदेड़ने के लिए भी वह तरीका अपनाने के आदेश दिए, जो उन्होंने बाबा रामदेव को खदेड़ने के लिए अपनाए थे। रात को पुलिस का छापा मरवाने से पहले सरकार ने बाबा रामदेव के साथ भी बात चलाई थी। इसी तरह अन्ना की टीम के साथ भी सरकार ने बातचीत करने के लिए कई बैठकें कीं, बेशक बाद में सरकार ने अपना ही लोकपाल बिल संसद में पेश कर दिया (अन्ना जी के साथ यह सब अप्रैल वाले उनके पहले अनशन के समय हुआ था।)।

16 अगस्त, 2011 की सुबह आशा के अनुसार अन्ना हजारे को एक साथी कार्यकर्ता के मयूर विहार स्थित घर से उठा लिया गया और पश्चिमी दिल्ली के पुलिस थाने में ले जाकर बंदी बना लिया गया, परन्तु सरकार को तब धक्का लगा जब सैकड़ों की संख्या में अन्ना के समर्थक थाने के बाहर एकत्रित हो गए। हजारे को पुणे ले जाकर छोड़ देने की सरकारी योजना को यह पहली चोट पहुंची।

अतः जब सरकार ने इसके विकल्प के तौर पर उनको जेल में बंद करने की योजना बनाई तो तब भी उसको धक्का लगा क्योंकि उस समय कोई मजिस्ट्रेट मौजूद नहीं था, जो अन्ना को रिमांड देकर जेल भेज सकता, फिर तब अवैध रास्ता ढूंढ़ा गया और देश को गुमराह किया गया, जब डिप्टी सुपरिंटेंडेंट के रैंक के जूनियर पुलिस अधिकारी को मजिस्ट्रेट बना दिया गया और हजारे को तिहाड़ जेल भेजने के तथाकथित आदेश जारी कर दिए गए।

दोबारा फिर, तिहाड़ जेल और रामलीला मैदान में विशाल भीड़ देखकर चिदंबरम एण्ड कंपनी ने भ्रष्टाचार विरोधी मुहिम को दबाने के लिए अनुचित योजनाबंदी त्याग दी।

दरअसल सरकार हजारे के अनशन से निबटने में इतनी अनाड़ी साबित हो गई है कि वह हमेशा टीम अन्ना की कार्रवाइयों पर प्रतिक्रिया करती रही है। इस तरह चिदंबरम एक बार फिर गुप्तचर एजेंसियों की असफलता के कारण सरकार को बचा नहीं सके।

मुखर्जी तथा खुर्शीद

कारण कोई भी रहे हों, उनकी भूमिका कुछ भी रही हो, प्रधानमंत्री ने समझौता-वार्ता तथा सम्बन्धित बातचीत से पी. चिदंबरम तथा कपिल सिब्बल की जगह यह जिम्मेदारी प्रणव मुखर्जी तथा सलमान खुर्शीद को सौंपी। वही सारे हाई वोल्टेज ड्रामा को अंत तक पहुंचा पाए, किंतु बीच में एक समय ऐसा भी आया कि इन दोनों ने टीम अन्ना को 440 वोल्ट के शॉक दिए। यहां तक कह दिया कि अन्ना अनशन जारी रखें या खोलें, यह हमारी समस्या नहीं। यह तो आपकी समस्या है। इस पर केजरीवाल को मंच से कहना पड़ा, टीवी चैनलों को बताना पड़ा कि उनके साथ बहुत बड़ा विश्वासघात हुआ है। सरकार पलट चुकी है। उनकी बातों को मान लेने के बाद भी इंकार कर दिया है।

स्वामी अग्निवेश ने भी बढ़ाई मुश्किलें

अन्ना हजारे को शानदार सफलता मिली, इसी से पूरे देश में जश्न का माहौल था। दीपावली की तरह हर जगह खुशियां मनाई गईं, लेकिन उनकी मांगों को मनवाने में जिन लोगों ने प्रत्यक्ष-अप्रत्यक्ष रूप से अड़चनें डालीं, उनमें स्वामी अग्निवेश का भी नाम आ चुका है। उन्होंने रुकावट डालने की साजिश में मदद की, ऐसा भी माना जा रहा है।

विभिन्न चैनलों पर चल रहे समाचार के मुताबिक, अन्ना के अनशन के दौरान टीम अन्ना के सदस्य माने जा रहे स्वामी अग्निवेश ने सरकार के एक मंत्री से फोन पर बात की और अन्ना के बारे में अनाप-शनाप टिप्पणी की। इस बातचीत का वीडियो रिकॉर्ड किया गया जिसे जनतंत्र डॉट कॉम ने यू ट्यूब पर लोड किया था।

इस बातचीत के दौरन इस लाइन को लेकर शक की सुई अग्निवेश की तरफ घूमी। इसमें अग्निवेश को मोबाइल पर किसी से यह कहते हुए दिखाया गया...'बहुत जरूरी है कपिल जी' नहीं तो ये पागल होते जा रहे हैं जैसे हाथी।' इसमें अग्निवेश एक जगह कहते दिखाई देते हैं...'पूरी पार्लियामेंट ने जब खड़े होकर अनशन तोड़ने की अपील की तो अन्ना को तभी अनशन तोड़ देना था।' यह भी कहा-'मैं शर्मिंदा हूं कि केन्द्र सरकार अखिर इतनी कमजोर क्यों दिखाई पड़ रही है...केन्द्र सरकार अन्ना के समक्ष कतई झुके नहीं।'

उन्होंने अनशन के खिलाफ अपना मत जाहिर भी किया था।

23

अग्निवेश के वीडियो ने किया चकित

अन्ना हजारे के अत्यंत निकट सहयोगियों में अग्निवेश का नाम काफी इज्जत से लिया जाता था। एक तो वे संन्यासी हैं, दूसरे राजनीति का अनुभव भी है। वे हरियाणा विधानसभा में पांच वर्ष तक विधायक रहे। इसी कार्यकाल में उन्हें मंत्रिमंडल में भी शामिल किया गया। वे हरियाणा प्रदेश के शिक्षा मंत्री रहे, इसलिए उन्हें इस बात का अच्छा अनुभव रहा है कि किसी भी सदन में कैसे काम चलता है। कोई भी अध्यादेश बनाने से लेकर पास करवाने तक किन-किन दशाओं से गुजरना पड़ता है, उन्हें अच्छी तरह मालूम है। अत: स्वामी अग्निवेश का टीम अन्ना में अच्छा महत्त्व था।

अग्निवेश के वीडियो पर टीम अन्ना ही नहीं, पूरे देश को बड़ी हैरानी हुई थी। बात शुरू करते हैं इसी घटनाक्रम की। वे अन्ना हजारे के निकट सहयोगी रहे हैं। उनके यू ट्यूब पर दिखाए जा रहे विवादास्पद वीडियो को लेकर अन्ना हजारे पक्ष के मुख्य सहयोगियों को अंतत: उन पर निशाना साधना पड़ा। ऐसा करना उनकी विवशता हो गई थी। वे किसी भी अवस्था में न तो अन्ना जी की छवि धूमिल होने देना चाहते थे, न ही वार्तालाप में सेंध को बरदाश्त कर सकते थे। इसीलिए उन्हें सीधा होना पड़ा।

टीवी पर इस वीडियो को बार-बार दिखाया जाने लगा। देश ने वीडियो में देखा कि स्वामी एक व्यक्ति (कथित रूप से एक वरिष्ठ केन्द्रीय मंत्री) से कह रहे हैं कि अनशन कर रहे हजारे के खिलाफ सरकार सखती से क्यों पेश नहीं आती।

जब अग्निवेश से इस विषय में पूछा गया तो वे बिल्कुल मुकर गए। वे इस वीडियो से स्वयं को बिल्कुल अपरिचित बताने लगे। साथ ही उन्होंने यह भी जोर देकर कह दिया कि चैनल द्वारा दिखाया गया वीडियो फर्जी है। इसे तैयार करते

समय रिकॉर्डिंग से छेड़-छाड़ की गई है। उन्होंने स्पष्ट कहा कि उनके साथ साजिश की गई है।

स्वामी अग्निवेश ने स्पष्ट शब्दों में यह भी कहा–'मेरी छवि को खराब करने के लिए चलाए जा रहे अभियान का यह एक हिस्सा है।'

जब उनसे सीधा प्रश्न किया गया कि क्या वह अमुक केन्द्रीय मंत्री से बात कर रहे थे तो उनका उत्तर सच्चाई से हटकर था। उन्होंने इस बात का खंडन किया कि वे केन्द्रीय मंत्री कपिल सिब्बल से बात कर रहे थे। कपिल सिब्बल टीम अन्ना और सरकार के बीच गतिरोध के दौरान प्रारंभिक चरण की बातचीत में शामिल थे, फिर उनके कुछ ऐसे बयान भी आए जिनके कारण टीम अन्ना को कठिनाई का सामना करना पड़ा।

बार-बार चर्चाएं होती रहीं। कई प्रकार के संदेह भी उठे। हजारे पक्ष की सदस्य, पूर्व पुलिस उच्च अधिकारी किरण बेदी ने आरोप लगाया कि अग्निवेश को कैमरे पर पकड़ा गया है, जिसमें वे कपिल नाम के व्यक्ति से कह रहे थे–'महाराज आप इनको इतना महत्त्व क्यों दे रहे हैं।'

किरण बेदी ने आगे पूछा–'महाराज कौन हैं? क्या दूसरी ओर कपिल सिब्बल हैं? इतना ही नहीं पूछा, उन्होंने तो स्वामी अग्निवेश पर पूरी तरह से अनैतिक होने का भी साहसिक आरोप जड़ दिया था।

लोग धीरे-धीरे जान भी चुके थे कि हजारे के अनशन के दौरान हजारे पक्ष

और अग्निवेश के बीच मतभेद पैदा हो गए हैं। किरण बेदी ने कहा–'हम सभी इससे बहुत हैरान हैं और हम इससे बहुत असहज महसूस कर रहे हैं।'

बार-बार कुरेदने पर किरण बेदी को कहना ही पड़ा–'केवल स्वामी अग्निवेश ही आप लोगों के प्रश्नों का उत्तर दे सकते हैं। उन्हें इसे स्वीकार करना चाहिए या फिर आरोप को खारिज करना चाहिए। हालांकि इसमें कोई शक नहीं। वह हमें जाहिर तौर पर बता रहे हैं कि क्या हुआ? उन्हें हमें बताना चाहिए कि वह कौन हैं जिसके बारे में उन्होंने जिक्र किया।

जब अग्निवेश से आरोपों का स्पष्टीकरण मांगा गया तो उन्होंने कहा–'यह झूठ है और यह कट-पेस्ट का काम है। मेरी निजी जानकारी में कई लोग हैं जिनके नाम कपिल हैं। मैं किसी नेता को 'महाराज' कहकर संबोधित नहीं करता हूं। कपिल महाराज कोई भी हो सकता है।'

स्वामी ने उस व्यक्ति की पहचान के बारे में कोई खुलासा नहीं किया, जिससे वीडियो फुटेज में बात की जा रही थी।

पाठकों की जानकारी के लिए स्वामी अग्निवेश को वीडियो में एक भवन के भूतल से बाहर आते हुए दिखाया गया था। वे चलते-चलते फोन (मोबाइल) पर बात कर रहे थे। इमारत कौन-सी है, इसकी पहचान नहीं हो पाई। उन्हें उस समय बातचीत के दौरान संसद को हजारे को अनशन खत्म करने की अपील और हजारे के अनशन जारी रखने पर अड़े रहने के बारे में बातचीत करते हुए सुना गया।

अग्निवेश ने कथित रूप से कहा कि दूसरा पक्ष सरकार के खिलाफ जो कर रहा है, वह सही नहीं है।

इस वीडियो में वे मोबाइल पर कह रहे थे कि सरकार को कुछ भी नहीं मानना चाहिए और कड़ा रुख अपनाना चाहिए, क्योंकि सरकार के कुछ मानने पर वे अपना रुख कड़ा कर रहे हैं।

इस वीडियो में अग्निवेश ने संसद की अपील के बारे में कहा कि अगर पूरी संसद द्वारा बड़ी अपील करने के बाद भी हजारे अपना अनशन नहीं तोड़ते हैं तो यह सही नहीं है।

चैनल ने अग्निवेश को अन्ना जी के लिए हाथी शब्द तक का प्रयोग करते हुए दिखाया है।

बार-बार पूछने पर अग्निवेश ने दो-तीन बातें और जोड़कर स्वयं को वीडियो फुटेज से बिल्कुल अलग करने का भी प्रयास किया। उन्होंने कहा कि कपिल सिब्बल के साथ मेरी बात हुई या किसी अन्य कपिल से, इसके लिए टेलीफोन के

रिकॉर्ड को खंगाला जा सकता है। पता चल जाएगा कि स्वामी अग्निवेश ने किस कपिल से बात की। यकीनन यह बात भी सामने आ जाएगी कि मैंने केन्द्रीय मंत्री कपिल से बात की ही नहीं।

उन्होंने एक और बात कही—'मैं हरिद्वार में रह रहे अपने परम मित्र कपिल महाराज से बात कर रहा था। आप कभी भी मेरे साथ चलें। मैं आपको हरिद्वार में अपने मित्र संत कपिल महाराज से मिलवा दूंगा, जिनके साथ मैं बात कर रहा था और अक्सर करता रहता हूं।'

यह सुनकर इलेक्ट्रॉनिक मीडिया क्या चुप बैठ सकता था? उनका एक संवाददाता हरिद्वार में ही, एकमात्र कपिल महाराज के पास जा पहुंचा। उनसे इजाजत लेकर कैमरे के सामने बात की। उन्होंने बहुत स्पष्ट किया कि वह स्वामी अग्निवेश को भली प्रकार जानते हैं। उनसे कभी-कभार बातचीत या मुलाकात हो जाती हैं, किन्तु पिछले तीन-चार दिनों में तो एक बार भी बात नहीं हुई। उनसे अन्ना हजारे के अनशन या आंदोलन पर तो बिल्कुल बात नहीं हुई।

इस प्रकार स्वामी अग्निवेश का यह दूसरा बड़ा झूठ भी पकड़ा गया।

जब अरविंद केजरीवाल से स्वामी द्वारा अन्ना हजारे के विषय में प्रयोग किए गए अभद्र शब्दों तथा आंदोलन को ताड़पीड़ो करने के बारे में पूछा गया तो उन्होंने बिना कैमरा जो बात उद्घाटित की, वह आश्चर्यजनक थी।

उन्होंने 'ऑफ दि रिकॉर्ड' इतना कह ही दिया—'कुछ समय से हमें स्वामी के स्टैंड पर आश्चर्य हो रहा था। उनके बयान हमारे आंदोलन से इधर-उधर हो जाते रहे हैं। इसी बीच जब अन्ना जी कोर बातचीत के लिए कोर कमेटी का गठन होने लगा तो प्रधानमंत्री कार्यालय (अथवा किसी और बड़े सरकारी नेता) से संकेत दिया गया कि समझौता टीम में वे स्वामी अग्निवेश को जरूर लें। अन्ना जी ने इस मांग को रिजेक्ट कर दिया इसी से नाराज होकर स्वामी जी ने हमारे आंदोलन को नुकसान पहुंचाने के काम किए हैं।'

24

सरकार पर खुन्नस
निकालने का आरोप

● ओमपुरी की यहां बात नहीं करते, किन्तु यह तो सही है कि किरण बेदी पर आरोप लगा कि उन्होंने मंच से, सिर पर दुपट्टा रख अपना मुंह ढकते हुए कुछ ऐसे शब्द कहे थे, जो सांसदों को ठीक नहीं लगे। इन्हें सांसदों ने अपना अपमान समझा। अत: उन्होंने विशेषाधिकार का नोटिस दे दिया।

● ऐसा ही संसद के विशेषाधिकार हनन का नोटिस दूसरे सदस्य प्रशांत भूषण को भी दिया गया। उन्होंने कहा कि उन्होंने ऐसा कुछ भी नहीं कहा, जो नहीं कहना चाहिए था। उन्होंने साथ में यह भी कह दिया—यदि यह बात है तो जनता संसद के विशेषाधिकार पर पुन: विचार करे। कहां लक्ष्मण रेखा खींचनी है, यह जन-संसद निर्णय करे।

● खबर है कि टीम अन्ना के एक अन्य सदस्य कुमार विश्वास को भी आयकर का नोटिस कभी भी आ सकता है।

● स्वयं अन्ना हजारे पर पूर्व मुख्यमंत्री दिग्विजय सिंह तथा वर्तमान सांसद मनीष तिवारी बहुत ही घिनौने आरोप लगाते रहे हैं। 14 अगस्त को मनीष सांसद द्वारा प्रयोग किए गए शब्द और तुम-तुम कहना इतना अपमानजनक लगा कि बाद में उन्हें पहले तो कुछ दिन अण्डरग्राउंड हो जाना पड़ा, फिर सामने आकर क्षमा-याचना कर अपनी जान छुड़ानी पड़ी। अन्ना जी को मिले जन-समर्थन के सामने सरकार बुरी तरह झुकी और उनकी हर बात मानी भी।

● कांग्रेस तथा सत्ता पक्ष के अंदर अब भी बहुत से ऐसे लोग हैं, जो ऐसा निर्णय नहीं चाहते थे, जैसा अपील तथा प्रस्ताव के रूप में संसद में सामने आया। वे तब भी और बाद में भी टीम अन्ना को उसी प्रकार झटका देने के पक्ष में थे,

भ्रष्टाचार के खिलाफ जारी रहेगी अन्ना की जंग

जैसे कि उन्होंने बाबा रामदेव तथा उनके परम सहयोगी आचार्य बालकृष्ण को दिया। बालकृष्ण के केस में तो बाल की खाल अभी उधड़ ही रही थी कि स्वामी रामदेव को फेमा आदि के उल्लंघन में 34 कम्पनियों में से चार में बुरी तरह घेर लिया गया। उन दोनों को सरकार जितना भी नुकसान पहुंचा सकती, पहुंचाती रहेगी।

● ठीक उसी प्रकार से, मात्र चार दिनों के अंतराल में अन्ना जी की कोर टीम के सबसे योग्य सदस्य अरविंद केजरीवाल को आयकर विभाग के माध्यम से सरकार ने घेर लिया है। उन्हें 9 लाख से अधिक बकाया का नोटिस दिया जा चुका है।

● सरकार के पास 2006 का पड़ा केजरीवाल का त्यागपत्र मंजूर करने से इंकार कर दिया गया है।

● अन्ना हजारे ने अपने गांव रालेगण सिद्धि में स्वागत के लिए आयोजित मंच से केन्द्र सरकार के मंत्रियों पर निशाना साधा है। उन्होंने कहा कि उनकी भांति ही केजरीवाल के पास कोई पैसा नहीं। उन्हें 9 लाख का आयकर विभाग का नोटिस देकर सरकार हमें अपने आंदोलन से भटकाना चाहती है। सरकार सीधे-सीधे ऐसे हथकंडे अपनाने छोड़ दे या फिर उन्हें दूसरा रास्ता अपनाने पर विवश होना पड़ेगा।

● एक किसान नेता से रहा नहीं गया। उसने अरविंद केजरीवाल का बकाया चुकाने के लिए आयकर विभाग के नाम 9 लाख का चैक काटकर उनका हिसाब चुकता करने की इजाजत मांगी है। अरविंद केजरीवाल तथा आयकर विभाग से निर्देश मिलने पर वह सारी रकम चुकाने की पहल करने के लिए उत्सुक है। ऐसे देशभक्त लोग और भी आगे आ सकते हैं, जो नहीं चाहते कि अन्ना जी के आंदोलन में जरा भी रुकावट आए।

● यदि ओमपुरी, किरण बेदी, प्रशांत भूषण आदि के कोई शब्द सांसदों को आहत कर गए और उन्होंने विशेषाधिकार के नोटिस भी दे डालें तो अन्ना जी के रालेगण सिद्धि में उन शब्दों का क्या हुआ जो उन्होंने मंच से केन्द्र सरकार व केन्द्रीय मंत्रियों तथा सांसदों आदि को फटकार लगाते हुए कहे।

● पी. चिदंबरम को चालबाज कहा, साथ ही यह भी कहा गया कि देश के आधे सांसद धोखेबाज हैं। क्या उनके विरुद्ध भी विशेषाधिकार हनन का प्रस्ताव लाकर पूरे आंदोलन को सौ प्रतिशत खत्म कर देने की कहीं कोशिश की जा सकती है या नहीं?

● रिपोर्ट जो 3 सितम्बर को आई, उसके अनुसार लोकपाल की जंग के बीच अरविंद केजरीवाल को आयकर विभाग का नोटिस मिल जाना साधारण बात नहीं। लोग पूछ रहे हैं कि यदि इस व्यक्ति को आयकर विभाग का लगभग 9 लाख देना था तो उन्हें पिछले 5-6 वर्षों में क्यों नहीं पूछा गया। अब अचानक कैसे पूछ लिया। लोग तो साफ कहते रहे हैं कि यह सब और कुछ नहीं, उनके मार्ग में रोड़े अटकाने के लिए किया जा रहा है। अनशन के समय हुई अपनी बेइज्जती की खुन्नस ही निकाली है सरकार ने।

भ्रष्टाचार के खिलाफ जारी रहेगी अन्ना की जंग

● आंदोलन के ठीक बाद इस नोटिस को टीम अन्ना अपने खिलाफ सरकार की खुन्नस मान रही है। टीम ने सरकार पर पलटवार करते हुए इस पूरे प्रकरण को राजनीतिक साजिश करार दिया है।

● टीम अन्ना का यह भी आरोप है कि आयकर विभाग ने अपने राजनीतिक आकाओं के इशारे पर केजरीवाल को नोटिस दिया है।

● एक जानकारी के अनुसार, आयकर विभाग के नोटिस को लेकर टीम अन्ना ने आक्रामक तेवर अपना लिए हैं।

इसीलिए टीम अन्ना में अपने आंदोलन के खर्च का हिसाब-किताब देने का दावा कर अब कांग्रेस को अपना लेखा-जोखा जग-जाहिर करने की चुनौती दे दी है।

● 2 सितम्बर, 2011 को ही मीडिया से रूबरू हुए थे केजरीवाल, प्रशांत भूषण और किरण बेदी। उन्होंने कहा कि अन्ना के निर्देश पर टीम ने एक अप्रैल, 2011 से 31 अगस्त, 2011 के बीच हुए खर्च का लेखा-जोखा प्रकाशित करने की मुहिम छेड़ दी है।

तीनों ने कैमरे के सामने कहा कि अब कांग्रेस भी अपना लेखा-जोखा जग-जाहिर करे।

● केजरीवाल भी अपनी ओर से सफाई देने से नहीं चूके। उन्होंने कहा कि स्टडी लीव के बाद एक नवम्बर, 2002 को उन्होंने नौकरी दोबारा ज्वॉइन की थी।

उन्होंने तो अपने इस्तीफे की भी बात कही। उनका कहना था कि उन्होंने फरवरी, 2006 को त्यागपत्र दे दिया था।

केजरीवाल ने कहा–'मेरी छुट्टी आयकर विभाग ने बकायदा मंजूर की थी।'

उन्होंने सरकार के रवैये पर प्रश्नचिह्न लगाते हुए कहा–'सरकार बांड को गलत तरीके से इस्तेमाल कर रही है। सरकार वह कह रही है, जो ठीक नहीं है।'

● केजरीवाल ने कहा–'नोटिस मुझे दिया। मैं देख लूंगा, किंतु सरकार अब मेरे रिश्तेदारों तथा मेरे परिवार को भी परेशान कर रही है। जो ठीक नहीं है।'

● केजरीवाल को मिले नोटिस में उन्हें अतिशीघ्र विभाग के 9 लाख चुकाने को कहा गया है।

● यह भी कहा गया है कि जब तक वे यह रकम नहीं चुकाते, उनका त्यागपत्र स्वीकार नहीं किया जा सकता।

● अरविंद केजरीवाल ने चुटकी लेते हुए सरकार को चेता दिया है। उन्होंने कहा कि सरकार घाटे में रहेगी। यदि वे अगले साल तक इस्तीफा स्वीकार नहीं करते तो सरकार उन्हें पूरी उम्र पेंशन देगी, क्योंकि वह अगले साल स्वेच्छा से सेवानिवृत्ति (वीआर) लेने के अधिकारी हो जाएंगे।

● उन्होंने कहा–'अब गेंद सरकार के पाले में है। वह जैसे खेलना चाहे, खेल सकती है। चाहे तो मेरा त्यागपत्र अभी स्वीकार कर, पेंशन देने से बच जाए या फिर एक वर्ष और निकालकर पेंशन देने की जिम्मेदारी ले ले।'

● अरविंद केजरीवाल ने कहा कि अभी तक उन्हें सरकार ने उनका जमा जीपीएफ भी नहीं दिया। सरकार चाहे तो वह रकम भी रिकवरी के रूप में काट सकती है, मुझे इस पर कोई आपत्ति नहीं।

केजरीवाल पर भी विशेषाधिकार के हनन का नोटिस

3 सितम्बर की शाम 6 बजे अन्ना हजारे का दायां हाथ रहे अरविंद केजरीवाल को भी संसद के विशेषाधिकार हनन का नोटिस देकर सरकार ने पूरे देश को अचम्भित कर दिया। कोर कमेटी सदस्य प्रशांत भूषण और किरण बेदी को तो ऐसा नोटिस मिला ही थी, अब अरविंद को भी मिल गया। कुछ लोगों का कहना था कि सरकार जलती आग पर घी डाल रही है तथा वह बाबा रामदेव एवं आचार्य बालकृष्ण वाली ही दशा इस आंदोलन की भी करके रहेगी।

टीम अन्ना पर एक और गाज गिरना संभव

सरकार पर खुन्नस निकालने के आरोपों को सरकारी पक्ष गलत बता रहा है। सरकारी पक्ष कह रहा है कि वह कुछ भी ऐसा कदम नहीं उठाएगी, जिसे बदला लेने वाला माना जाएगा।

एक और रिपोर्ट सामने आई है, वह टीम अन्ना को तकलीफ में डाल सकती है। रिपोर्ट के अनुसार–'टीम अन्ना के खिलाफ दर्ज हो सकती है एफआईआर।'

2 सितम्बर, 2011 की इस खबर ने सबको चौंका दिया। भ्रष्टाचार के खिलाफ टीम अन्ना के आंदोलन के बाद दिल्ली पुलिस उनके खिलाफ एफआईआर दर्ज करने की तैयारी में है। बताया जा रहा है कि पुलिस रिपोर्ट तैयार कर ली गई है और इसे कोर्ट में भेजा जाएगा।

यह एफआईआर रामलीला मैदान में अन्ना के 12 दिन के अनशन के दौरान कई शर्तें तोड़ने के आरोप में दर्ज की जा सकती है। रामलीला मैदान में अन्ना के अनशन के दौरान जिन शर्तों को तोड़ा गया, उनमें रात 10 बजे के बाद लाउड स्पीकर का बजाना, ट्रैफिक नियम, मशाल जुलूस, प्रधानमंत्री आवास के पास भगदड़ आदि शामिल हैं।

दिल्ली पुलिस ने इस मामले पर पूरी तैयारी कर ली है। कुल आठ नोटिस तैयार किए गए हैं। इन्हें कोर्ट में सौंपकर एफआईआर दर्ज करने की इजाजत प्राप्त की जाएगी।

कुछ लोग पुलिस के इस कदम को वाजिब मानते हैं तो कुछ लोग इसे भी टीम अन्ना से बदला लेने वाला मानते हैं।

25

सरकार ने नकारे सभी आरोप

अन्ना हजारे के अनशन खुल जाने, गुड़गांव में उपचार करवाने, अपने गांव रालेगण सिद्धि में पहुंच जाने के साथ ही कुछ अन्य अफवाहें भी फैलीं। कहा जाने लगा कि सरकार एक बार फिर अपने वादों से मुकर जाएगी। वह वायदों की पहले टाल-मटोल करेगी, फिर कुछ मजबूरियां बताकर वादे पूरे करने से भी इंकार कर देगी, किंतु नहीं, ये आरोप निराधार हैं। ऐसा सरकार का कहना है। सरकार किए गए वादों के प्रति गम्भीर है। सरकार सभी वादे पूरे करेगी।

अन्ना से किए वादे को पूरा करने में जुटी सरकार

आपको मानना पड़ेगा कि सरकार अन्ना जी के साथ किए वादों के प्रति गम्भीर है, इसीलिए सरकार एक-एक करके सभी वादों को अमली-जामा पहनाने में जुट गई है।

दागी नेताओं को चुनाव से वंचित

कुछ समय पहले अप्रैल, 2011 के अनशन के आस-पास तत्कालीन कानून मंत्री ने एक नोट तैयार किया था। उसमें कहा गया था कि देश में यह मांग जोर पकड़ती जा रही है कि दागी नेताओं को चुनाव से बाहर किया जाए। यह बात बाबा रामदेव ने भी उठाई। अनेक संस्थाएं भी उठाती रहीं। अन्ना हजारे की सिविल सोसायटी के सदस्यों ने भी कई बार उठाईं। इसलिए ऐसा कानून बने, जिससे दागी नेता चुनाव में खड़े न हो सकें।

तत्कालीन कानून मंत्री इस विचार को नोट की शेप में मंत्रिमंडल के सामने नहीं रख पाए थे कि उनका विभाग बदल दिया गया।

नए कानून मंत्री सलमान खुर्शीद, जिन्होंने अन्ना के साथ समझौते में एक बड़ी भूमिका निभाई। कहा जाता है कि एक-दो मौकों को छोड़कर खुर्शीद ने समझौता कराने में सार्थक भूमिका निभाई। क्या-क्या चाहते थे अन्ना जी, सब उन्हें मालूम है।

खुर्शीद यह भी जानते थे कि दागी नेता चुनाव से बहिष्कृत हों, यह पुरानी मांग है। उनके पूर्व साथी, कानून मंत्री का एक विस्तृत नोट भी तैयार था। अन्ना की इच्छा के अनुरूप उन्होंने दागी नेताओं को बाहर करने वाले नोट को मंत्रिमंडल के सामने रखने की बात की घोषणा भी कर दी है। मतलब सरकार अन्ना जी की इच्छाओं को महत्त्व देने लगी है।

दूसरी मांग : सिटीजन चार्टर की

सरकार ने सिटीजन चार्टर के मुद्दे पर बुलाई राज्यों की प्रशासनिक मामलों के सचिवों की बैठक...मतलब वादे को पूरा करने की तैयारी!

आप भी जानते हैं कि जन-लोकपाल पर अन्ना का आंदोलन भले ही खत्म हो गया हो, मगर उसका असर अब धीरे-धीरे ही सही, सरकार के काम-काज पर देखने को मिल रहा है।

आम लोगों को तय समय में बेहतर सार्वजनिक सेवा देने यानी अन्ना के सिटीजन चार्टर के मंत्र को मूर्त रूप देने के लिए केन्द्र सरकार दूसरी सीढ़ी चढ़ने की तैयारी में है।

लोगों को जल्द-से-जल्द सार्वजनिक सेवाएं देने के लिए बेहतर प्रशासन निर्माण की दिशा में बढ़ने की बात करते हुए सरकार ने 2 सितम्बर, 2011 को सभी राज्यों के प्रशासनिक सुधार मामलों के सचिवों की बैठक बुलाई है।

गांधीवादी हजारे के अनशन के दौरान उनकी सिटीजन चार्टर की मांग को मानने में सरकार ने 12 दिन निकाल दिए थे। अन्ना हजारे लोगों का काम तय समय में नहीं करने वाले सरकारी अधिकारियों पर जुर्माना ठोकने की बात कर रहे थे। सरकार ने बाकायदा संसद में उनकी इस मांग पर सहमति जताकर इसे लागू करने की बात कही है।

नारायण सामी होंगे अध्यक्ष

अन्ना हजारे व उनके आंदोलन के खिलाफ कई बार कड़ा रुख अपनाने वाले केन्द्रीय कार्मिक, लोक शिकायत राज्यमंत्री नारायण सामी की अगुवाई में यह बैठक होगी।

इस बैठक में सार्वजनिक सेवाओं को मुहैया करवाने और बेहतर प्रशासन के निर्माण में आ रही दिक्कतों के बारे में राज्य सरकारों के अनुभवों को केन्द्र सरकार के साथ बांटा जाएगा।

सिटीजन चार्टर सबसे पहले मध्य प्रदेश और बिहार की सरकारें अपने यहां लागू कर चुकी हैं। हिमाचल प्रदेश ने भी इसे अगस्त, 2011 में लागू कर दिया है।

समाज सेवी तथा गांधीवादी अन्ना हजारे के भ्रष्टाचार के खिलाफ आंदोलन के बाद दिल्ली की मुख्यमंत्री शीला दीक्षित की सरकार, झारखण्ड और उत्तराखण्ड की सरकारें भी इसे अपने यहां लागू करने पर विचार कर रही हैं।

बदला लेने के आरोप गलत

सरकार में वित्तमंत्री प्रणव मुखर्जी, कानून मंत्री सलमान खुर्शीद तथा अन्य साफ-साफ कह चुके हैं कि उन पर बदला लेने के आरोप निराधार हैं। उनके तो मन में यह विचार कभी नहीं उठा कि उन्हें टीम अन्ना के किसी भी सदस्य से बदला लेना है। कोई भी कानूनी प्रक्रिया हो, वह सबके साथ कानून के हिसाब से ही चलती है। हमें किसी से नाराजगी नहीं। जो गलत है, जो कानून का उल्लंघन करता है, उससे कानून के अनुसार निबटना सामान्य-सी बात है। यूपीए की ओर से कुछ इस तरह के विचार भी आते रहे हैं।

सरकार ने भले ही सख्त तेवर अपना लिए हों, किंतु उसका कहना है कि किसी के साथ भी बदले की भावना से एक्शन नहीं लिया जाएगा।

शशि थरूर : लोकतंत्र सदनों द्वारा चलता है

उन्होंने कहा–'मैं यह नहीं मानता कि हम रामलीला मैदान या टेलीविजन स्टूडियो से लोकतंत्र चला सकते हैं। लोकतंत्र का संचालन संसद के दोनों सदनों से होना चाहिए।'

आपराधिक मामलों में संलिप्त व्यक्ति

राजनीति के अपराधीकरण के बारे में सरकार पहले से चिंतित थी। अन्ना के तेवर देखकर वह अधिक गंभीर लग रही है। सरकार अब जल्द ही एक ऐसा कानून ला रही है, जिससे आपराधिक मामलों में संलिप्त व्यक्तियों पर चुनाव लड़ने पर प्रतिबंध लग सकेगा।

केन्द्रीय मंत्रिमंडल अगले कुछ हफ्तों में गैर-अपराधी राजनीतिक बिल लाने पर विचार करने वाली है जिसके तहत पुलिस द्वारा चार्जशीट किए गए उन व्यक्तियों

के चुनाव लड़ने पर तब तक प्रतिबंध लगाया जाएगा, जब तक कि वे निर्दोष साबित नहीं हो जाते।

इस बात को विधि मंत्री सलमान खुर्शीद ने भी कहा है। खुर्शीद ने कहा कि इस तरह चार्ज शीट किए गए व्यक्ति चुनाव में खड़े नहीं हो सकेंगे। यह प्रस्तावित बिल यदि मंत्रिमंडल और संसद में पारित हो जाता है तो यह केन्द्र तथा राज्य विधानमंडल के स्वरूप को ही बदलकर रख देगा।

इससे अन्ना हजारे या बाबा रामदेव तथा कुछ अन्य स्वयंसेवी संस्थाओं की मांगें पूरी हो जाएंगी और राजनीति में भी बहुत हद तक शुद्धिकरण हो सकेगा।

राष्ट्रवादी हो रहे अपमानित : रामदेव

बाबा रामदेव ने प्रवर्तन निदेशालय को जवाब देते हुए शुक्रवार 2 सितम्बर, 2011 को कहा कि पतंजलि योगपीठ कोई कम्पनी नहीं है और दोनों ट्रस्टों को विदेशी अंशदान विनियम अधिनियम एक्ट (एफसीआरए) के तहत ही पैसा आया। रामदेव ने कहा कि उन्हें कोई नोटिस नहीं मिला। उन्होंने कहा कि मैंने सरकारी प्रावधान के तहत ही दान लिया है और करोड़ों लोगों की सेवा की है। सरकार पर प्रहार करते हुए रामदेव ने कहा कि में देश में काला धन वापस लाना चाहता हूं और 20 सितम्बर, 2011 से भारत स्वाभिमान यात्रा का दूसरा चरण शुरू कर दूंगा। उन्होंने पूरे देश का भ्रमण करने की भी बात कही है।

इसी संदर्भ में बोलते हुए बाबा रामदेव ने कहा–'देश में अपराधियों का सम्मान और राष्ट्रवादियों का अपमान हो रहा है।' उन्होंने कहा कि मेरे साथ मोस्ट वांटेड जैसा बर्ताव हो रहा है।

बाबा रामदेव ने कहा कि मेरे नाम पर एक इंच भी जमीन नहीं है। मैंने 20 सालों में एक रुपये की भी हेरा-फेरी नहीं की।

उन्होंने यहां तक कह दिया कि सरकार उनके दो कपड़े भी छीन ले तो वह लंगोटी में अपना अभियान जारी रखेंगे। सरकार उनके विरुद्ध षड्यंत्र रच रही है मगर जनता उनके साथ है।

26

अनशन खोलने को हुईं
बार-बार अपीलें

लोकसभा तथा राज्यसभा में उपस्थित सभी पार्टियों तथा सदस्यों ने अन्ना हजारे से पुनः-पुनः अपील की कि उनका जीवन देश के लिए बहुत मूल्यवान है तथा वे अपना अनशन तोड़ दें। जिस काम में उन्होंने हाथ डाला है, पूरा देश उन्हें समर्थन कर रहा है, वह जरूर कर दिया जाएगा।

सदन द्वारा अपील

पूरे सदन का अपील करना, मतलब पूरे देश की ओर से यह अन्ना जी को अपील थी। प्रधानमंत्री डॉ. मनमोहन सिंह ने भी बिल पास करने के लिए लिखित आश्वासन तो दिया, साथ ही अनशन खोलने के लिए लिखित अपील भी की।

लोकसभा अध्यक्ष द्वारा अपील

मीरा कुमार, अध्यक्ष लोकसभा ने अपील करने के प्रस्ताव को देखते हुए अपनी कुर्सी से उठकर अन्ना जी से अपील की कि वे सदस्यों की भावना और प्रधानमंत्री की अपील को ध्यान में रखकर अपना अनशन समाप्त कर दें।

प्रधानमंत्री द्वारा अपील

प्रधानमंत्री तथा बहुत-से सदस्यों ने अपनी अपील में यह भी कहा कि अन्ना जी का स्वास्थ्य निरंतर गिर रहा है। डॉ. नरेश त्रेहन तथा डॉक्टरों की पूरी टीम उनके

स्वास्थ्य के लिए बेहद चिंतित हैं। वे चाहते हैं कि गांधीवादी समाजसेवी अन्ना अब अपना अनशन तुरंत समाप्त कर दें। वे नहीं चाहते कि अन्ना जी के साथ कुछ अप्रिय घटे।

जब अन्ना जी से डॉक्टरों, उनके शुभचिंतकों, उनकी टीम तथा सरकारी पक्ष ने ग्लूकोज आदि चढ़ाने की बात की तो उन्होंने मंच से कहा था–'मुझे कुछ नहीं होगा। मैं ठीक हूं। मेरा दिल नौजवान है। मैं अब भी दो मील दौड़ सकता हूं और दौड़ता हुआ वापस आ सकता हूं। मैं ग्लूकोज चढ़वाने के लिए तैयार नहीं हूं। मैं केवल पानी पर निर्भर रहूंगा। यदि मुझे अधिक विवश किया गया तो मैं पानी का सेवन भी बंद कर दूंगा।

कहीं उठा न ले सरकार

अन्ना ने लोगों से इतना तक कह दिया कि यदि सरकार उन्हें उठा ले जाने की कोशिश करे तो आप सब मंच पर आ जाना। शांतिपूर्वक तथा अहिंसात्मक विरोध कर मुझे ले जाने के प्रयास को विफल कर देना। इतना उत्साह था उनमें। वह सरकार के किसी भी प्रयास के सामने झुकने को तैयार न थे। उन्होंने लोकसभा से आई अपीलें भी नहीं मानीं।

धर्मगुरुओं द्वारा अपील

श्री श्री रविशंकर, संस्थापाक आर्ट ऑफ लिविंग, बाबा रामदेव, संस्थापक पतंजलि योगपीठ तथा अन्य अनेक गुरु, प्रचारक, संत उनसे मिले और अन्ना जी को अनशन खोलने के लिए मनाते रहे। कुछ ने अन्ना टीम तथा सरकार के बीच मध्यस्थता भी की, किंतु अन्ना जी ने स्पष्ट कह दिया था कि जब तक उनको लक्ष्य की प्राप्ति न होगी, वे अनशन जारी रखेंगे।

सिने जगत द्वारा अपील

सिने जगत से भी बहुत-से अच्छी छवि तथा पहचान वाले अभिनेता, निर्देशक आदि भी अन्ना जी से मिले तथा उनसे अनशन को समाप्त करने की अपील करते रहे। उन्होंने सबसे नम्रतापूर्वक कह दिया था कि वे जिस लक्ष्य को लेकर मैदान में उतरे हैं, उसे प्राप्त करके ही अनशन समाप्त करेंगे। उनके दृढ़ निश्चय के सामने सबको झुकना पड़ा।

सोनू निगम ने मंच से रंग दे बसंती चोला गीत सस्वर गाया तथा उनसे अनशन खत्म करने की भी अपील की।

आमिर खान ने बुजुर्ग गांधीवादी नेता से कहा कि वह अपना अनशन खत्म कर दें, क्योंकि हम समझते हैं कि यह एक प्रक्रिया है और संसद में इस पर जरूर बहस होगी। आमिर खान ने कहा कि यह तो संघर्ष का पहला एपीसोड है। इसका क्लाइमेक्स तो तब होगा, जब हमें मजबूत लोकपाल विधेयक मिलेगा।

किरण बेदी का प्रश्न, आमिर खान का उत्तर

पूर्व उच्च पुलिस अधिकारी तथा अन्ना टीम की कोर कमेटी की सदस्या किरण बेदी ने आमिर खान से पूछा कि जरूरत पड़ने पर क्या बॉलीवुड हमारे इस आंदोलन में अपना सहयोग देगा?

प्रश्न सुनते ही आमिर खान ने कहा केवल बॉलीवुड ही नहीं, हर देशवासी अन्ना के साथ है, वे चिंता न करें।

रोज़ा खोला

आमिर खान ने रामलीला मैदान में ही शनिवार शाम सबके सामने अपना रोजा खोला।

फिल्म निर्देशक राजकुमार हीरानी

उन्होंने रामलीला ग्राउंड में मंच पर बैठकर यह कहा–'मैंने कभी कल्पना नहीं की थी कि एक दिन पूरा देश भ्रष्टाचार के खिलाफ उठ खड़ा होगा। यह केवल अन्ना की वजह से संभव हो सका है। हम उन्हें यहां सेल्यूट करने आए हैं।

हमारा आग्रह है कि अन्ना जी हमारी, बल्कि पूरे देश की अपील को मानते हुए अनशन समाप्त करें।

डॉ. नरेश त्रेहन द्वारा अपील

बारह दिनों से चल रहे अन्नाजी के अनशन पर डॉक्टरों की चिंता बढ़ती गई। उनके स्वास्थ्य की जांच कर रहे डॉक्टरों ने उनके स्वास्थ्य पर 27 अगस्त को गहरी चिंता व्यक्त की। चिकित्सक दल के प्रमुख डॉ. त्रेहन ने अन्ना के स्वास्थ्य के बारे में बताया कि हजारे की सेहत के बारे में उनकी चिंता बढ़ी है। उनका वजन पहले से और कम हुआ है। उनका रक्तचाप भी गिर गया है। साथ ही हार्ट बीट भी बढ़ी हुई है। उन्होंने उनसे अनशन खोलने की भी अपील की।

मजबूरी में बदला पैंतरा

राजनेताओं पर कटाक्ष करते हुए लोगों ने इतना तक कह दिया कि उन्हें मजबूरी में पैंतरा बदलना पड़ा। उनके सिर पर न आन पड़ती, उनके अस्तित्व पर प्रश्नचिह्न न लगते तो वे कभी न मानते।

श्री हरिशंकर व्यास कहते हैं—'घनघोर आश्चर्य की बात है कि देश के सभी नेताओं का हृदय परिवर्तन एक ही दिन हुआ। अन्ना के अनशन के 10वें दिन सबके दिल पसीज गए।

संसद में खड़े होकर सबने अनशन खत्म करने की अपील की। प्रधानमंत्री ने सेल्यूट किया, मनीष तिवारी ने माफी मांगी और नितिन गडकरी ने चिट्ठी लिखकर अनशन को समर्थन दिया।

अन्ना के अनशन को सिविल सोसायटी की समस्या बता चुके प्रणव मुखर्जी ने भी कहा कि अन्ना की जान देश के लिए मूल्यवान है।

आखिर यह हृदय परिवर्तन हुआ कैसे? सबका कारण मजबूरी है। इनमें से किसी के मन में अन्ना के लिए आदर भाव नहीं पैदा हुआ है, सबने मजबूरी में पैंतरा बदला है।

वे ठीक ही कहते हैं। यदि पूरा देश एकजुट होकर अन्ना जी के पीछे न चलता तो ये नेता उनकी मांग के लिए कभी न झुकते। उन्हें तो अपना भविष्य सुरक्षित करने के लिए ही पैंतरा बदलना पड़ा।

27

रामलीला मैदान में अन्ना के आस-पास

दिल्ली का रामलीला मैदान ...उसी में चला था अन्ना जी का अनशन! मैदान को मंच बनाने, हजारों लोगों को बिठाने, रातें काटने के लिए संवारने में बहुत बड़ी मशक्कत करनी पड़ी। बहुत ही ज्यादा हालत खराब थी। ऊपर से इन्द्र देवता मान ही नहीं रहे थे। बार-बार बरसकर लोगों के धैर्य की परीक्षा ले रहे थे। ऐसे में भी, जब तम्बू भी पानी रोकने में असमर्थ हो गए, तब भी लोगों ने छतरियां तानीं, कुछ के पास छतरी खरीदने के लिए पैसे नहीं थे...वे सब अन्ना जी के दीवाने थे। घर-बार छोड़कर बारह-तेरह दिन मैदान में डटे रहे—नारे लगाते रहे।

सोते रहे छोटे-से कमरे में अन्ना

अन्ना जी का व्यक्तित्व सादगी का एक अच्छा नमूना माना जाता है। गांधीवादी विचारधारा की श्वास-श्वास में समा चुकी है। रामलीला मैदान पर अपने लंबे अनशन के दौरान भी हजारे का यही पहलू नजर आया। उनका रहन-सहन लोगों ने करीब से देखा।

प्रतिदिन अपने समर्थकों की भीड़ को संबोधित करने के बाद वे मंच के ठीक पीछे बनाई गई चार गुणा छः फुट की छोटी-सी जगह में सोया करते थे।

हजारे के करीबी कार्यकर्ताओं ने रामलीला मैदान की उस जगह के बारे में कहा, जहां हजारे दिन में कुछ वक्त गुजारते थे और रात को सोते थे। रामलीला मैदान पर बने मंच को दो हिस्सो में बांट दिया गया था।

मंच के पीछे वाले हिस्से में सीढ़ियों के नजदीक चार गुणा छ: फुट की जगह बना दी गई थी। इसमें हजारे के लिए एक छोटी चारपाई रख दी गई थी। चारपाई के पीछे तिरंगा लगाया गया था और वहां एक कूलर भी रखा गया था।

अन्ना हजारे रात के समय इस छोटी-सी जगह में सोते। उनकी रात उसी चारपाई पर गुजरती। उनके उस कमरे में कोई टीवी नहीं था। उन्हें देश की हलचलों के बारे में अपने साथी कार्यकर्ताओं से ही पता चलता था।

हां, मंच के पीछे दाहिनी ओर निगरानी कक्ष बना था, जिसमें एक टीवी रखा गया था। इस टीवी के जरिए ही हजारे की कोर समिति के सदस्य देश के घटनाक्रम पर नजर रखते थे।

पहले धन्यवाद किया, फिर तोड़ा अनशन

अन्ना हजारे ने गत 13 दिनों (16 अगस्त) से जारी अनशन को रविवार (28 अगस्त) को समाप्त किया। वे इस अवसर पर रामलीला मैदान में हजारों लोगों को सम्बोधित कर रहे थे। उन्होंने आंदोलन से जुड़े लोगों का आभार व्यक्त किया। उन्होंने कहा कि जो मीडिया ने योगदान दिया, इसे वे भुला नहीं सकते। उन्होंने आंदोलन के दौरान उनके स्वास्थ्य का ध्यान रखने वाले डॉ. त्रेहन और अन्य चिकित्सकों, जन-लोकपाल विधेयक के प्रारूप बनाने वाले लोगों और रामलीला मैदान पर भजन गायक नितिन को भी तहे दिल से शुक्रिया किया। हमारे देश में तिरंगा कंधे पर लेकर पूरे देश में जो युवाशक्ति बाहर निकली, अन्ना जी उससे बहुत खुश थे।

अन्ना ने स्पष्ट कहा–'इस आंदोलन ने विश्वास जगाया है कि देश का भ्रष्टाचार खत्म हो सकता है।'

केवल टोपी पहनने से कोई अन्ना नहीं बन जाता

स्वयं अन्ना हजारे ने यह बात कहकर टोपी के गौरव तथा महत्त्व को और भी बढ़ा दिया। उन्होंने अनशन तोड़ने से पहले कुछ संदेश दिए, उनमें से एक यह भी था। उन्होंने रामलीला मैदान में अपने समर्थकों को दिए संदेश में कहा कि 'मैं भी अन्ना' लिखी टोपी पहनने से वे अन्ना नहीं बन जाएंगे।

अन्ना ने कहा–'इसके लिए जीवन में पांच विचारों को उतारना होगा।' अन्ना ने कहा कि मैं देख रहा हूं कि लोग 'मैं भी अन्ना' लिखी गांधी टोपी पहन रहे हैं। केवल इस टोपी के पहनने से आप अन्ना नहीं बन जाएंगे। यदि आप अन्ना बनना चाहते हैं तो कुछ चीजें ध्यान में रखनी होंगी।

कथनी-करनी में अंतर न हो

अन्ना ने रामलीला मैदान के इस नजारे पर खुशी जताई और अपने हजारों समर्थकों से कहा कि कथनी-करनी में अंतर नहीं होना चाहिए। आचार और विचार साफ होने चाहिए, बलिदान की भावना तथा अपमान सहने की क्षमता होनी चाहिए। ये पांच विचार जीवन में उतारने जरूरी हैं।

टोपी रही आकर्षण का केन्द्र

पिछले 13 दिनों से (16 अगस्त से 28 अगस्त तक) लोगों के बीच 'मैं भी अन्ना' लिखी गांधी टोपी आकर्षण का केन्द्र रही। रामलीला मैदान में जाने वाला करीब-करीब हर शख्स मजबूत लोकपाल विधेयक की मांग के लिए टोपी पहनकर अन्ना का समर्थन करता दिखा।

खूब बिकीं टोपियां

रामलीला मैदान के बाहर और आस-पास यह (अन्ना लिखी) टोपी तीन रुपये से लेकर 10 रुपये तक में बिकी।

कुछ संस्थाओं ने, व्यापारिक प्रतिष्ठानों ने तो टोपियां मुफ्त में भी बांटीं। जिसने लेनी चाही, उसे दी।

इकरा, सिमरन पर थी सबकी नजर

रामलीला मैदान का यह नजारा खास था। आठ साल की इकरा और सिमरन पर उस वक्त (28 अगस्त) को सभी की नजरें थीं, जब उन्होंने पिछले 12 दिन से अनशन कर रहे अन्ना हजारे को नारियल पानी और शहद पिलाकर उनका उपवास तुड़वाया। दरियांगज के एक स्कूल में चौथी कक्षा में पढ़ने वाली इकरा से

यह प्रश्न विशेष रूप से पूछा गया । प्रश्न था–'वह लगभग एक घंटा अन्ना जी के पास बैठी थी तो उन्होंने उससे क्या कहा?'

इकरा ने शरमाते हुए अपने पिता के पीछे छिपने की कोशिश की। बाद में यह भी कहा–अन्ना ने मेरे से अच्छी तरह पढ़ाई करने के लिए कहा।' इकरा के पिता का नाम है –शकीमुल्ला।

शकीमुल्ला ने कहा–'हमें सुबह अन्ना के सहभागियों ने बताया कि अन्ना का अनशन तुड़वाने वाले दो बच्चों में उनकी बिटिया इकरा भी होगी।' उन्होंने कहा–'यह मौका पाकर हम बहुत गर्व महसूस कर रहे हैं।'

कैमरों के सामने जब सिमरन से कुछ पूछना चाहा तो वह भी शरमाती रही। वह कुछ खास बोल नहीं सकी।

आलोचना का जवाब

अन्ना ने अपना अनशन दलित और मुस्लिम बच्चियों क्रमश: सिमरन और इकरा के हाथ से शहद मिश्रित नारियल पानी पीकर तोड़ा। यह शायद कुछ लोगों द्वारा आंदोलन अनशन में दलितों और मुस्लिमों की भागीदारी न होने संबंधी आलोचना का जवाब था।

मेरे प्यारे अन्ना हजारे

डॉ. योगेन्द्रनाथ शर्मा 'अरुण' की कविता हमें किस प्रकार अन्ना हजारे से जोड़ती है, पढ़िए–

वाह मेरे प्यारे, अन्ना हजारे,
भारत मां की आंख के तारे।
कैसे किया कमाल
कि भारत चला क्रांति की चाल।

सत्ता का सिंहासन डोला,
भ्रष्टाचारी तंत्र यूं बोला–
'चलो, चलो जी, बिस्तर बांधो,
मचा है खूब धमाल!
वाह मेरे प्यारे, अन्ना हजारे।

बच्चे, बूढ़े सड़कों पर आए,
सत्ताधारियों के होश उड़ाए।
सबकी घिग्घी बंधी हुई है,
देख लिया ज्यों काल!
वाह मेरे प्यारे, अन्ना हजारे।

गांधी की फिर याद दिला दी,
आंधी लोकतंत्र की ला दी।
बिखरा भारत एक कर दिया,
ओ भारत के लाल!
वाह मेरे प्यारे, अन्ना हजारे।

लोकतंत्र की लड़ी लड़ाई,
भ्रष्टाचार की नींव हिलाई।
सारे नेता सोच रहे हैं,
कैसा आया भूचाल!
वाह मेरे प्यारे, अन्ना हजारे।

सारी दुनिया जाग गई है,
नींद सभी की भाग गई है।
एक आवाज देश में गूंजी,
अन्ना है भारत का लाल।
वाह मेरे प्यारे, अन्ना हजारे।

कसम सभी हम भी खाते हैं
मन से यह प्रण दोहराते हैं।
कदम हमारे नहीं रुकेंगे
भले खड़ा हो काल!
वाह मेरे प्यारे, अन्ना हजारे,
भारत मां की आंख के तारे।
ऐसा किया कमाल,
भारत चला क्रांति की चाल।

भ्रष्टाचार के खिलाफ जारी रहेगी अन्ना की जंग

लोगों का मनोरंजन भी

रामलीला मैदान में देश के विभिन्न शहरों, गांवों से पहुंचे लोग कुछ तो टोलियों में थे, कुछ ने तरह-तरह के स्वांग रचा रखे थे। कुछ ने गीत गाए, भजन गाए, कविताएं सुनाईं, जोशीले नारे लगाए। वहां पर कई फिल्मी अभिनेता-गायक तथा निर्देशक आदि भी पहुंचे। कुछ बच्चे दिन-रात वहां डटे रहे। कुछ स्कूलों से बड़े-बड़े ग्रुप आए और अन्ना जी को समर्थन दिया।

रामलीला ग्रांउड में अन्ना जी ने अंततः भ्रष्टाचार के रावण का वध कर सबको प्रसन्न कर दिया। रावण भी आसानी से नहीं मरा था। भांति-भांति के पैंतरे बदलता रहा कि अंत में जीत श्रीराम (अन्ना जी) की हुई, जिसे उन्होंने देश की जीत बताया। साथ ही कहा कि आजादी की दूसरी लड़ाई अभी जारी रहेगी। अभी आधी जीत है, आधी जीत बाकी है।

अन्ना का डाक पता बना-रामलीला मैदान

यह रामलीला मैदान ही है, दिल्ली का कोई प्रतिष्ठान, भवन या कार्यालय नहीं, फिर भी...रामलीला मैदान किसी का डाक पता बन सकता है, ऐसा पहली बार देखने को मिला।

डाकिया डाक लेकर पहले इस मैदान में किसी के पास नहीं आते थे। मगर पिछले दिनों डाक उठाए आते देखे गए। पिछले 12 दिनों में रामलीला मैदान में अनशन पर बैठे अन्ना हजारे के नाम की चिट्ठियां यहां पहुंचाने का क्रम चलता रहा है। हाथ में पत्र तथा तार लिए डाकिया मैदान में पहुंचते देखे गए।

चिट्ठियों पर पता होता है-सेवा में श्री अन्ना हजारे जी! फास्टिंग सेंटर, रामलीला मैदान, दिल्ली।

टीम अन्ना के एक सदस्य का कहना था -'इन 10-12 दिनों में उन्हें 50 चिट्ठियां और पैकेट मिले हैं। ये कोरियर तथा स्पीड के माध्यम से भेजे गए हैं। इनमें उनके नाम उड़ीसा तथा त्रिपुरा से आई चिट्ठियां भी शमिल हैं।

रामलीला ग्राउंड के पते पर चिट्ठी भेजना और फिर इसे ग्राउंड तक सही सलामत पहुंचा देना, दोनों जहां रोचक बातें हैं, वहीं आश्चर्यजनक भी।

28

व्यवस्था सुधारने तक
जारी रहेगी लड़ाई

27 अगस्त (शनिवार) अन्ना हजारे को महाराष्ट्र के पूर्व मुख्यमंत्री तथा इस समय केन्द्रीय मंत्री ने अन्ना जी को प्रधानमंत्री का पत्र रामलीला मैदान के मंच पर पहले माइक पर पढ़ा, फिर उन्हें सौंपा। पत्र में उन्हें प्रस्ताव की जानकारी देते हुए उन्हें अनशन समाप्त करने तथा उनके अच्छे स्वास्थ्य की कामना की।

अन्ना ने वहां बारह दिनों से डटे हुए सभी लोगों को संबोधित करते हुए अपना अनशन तोड़ने की भी घोषणा की। उन्होंने इसका श्रेय पूरे देश को दिया, विशेषकर युवाशक्ति को। स्वयं एक बार भी श्रेय लेने की कोशिश नहीं की। हां, इसे आधी जीत कहा। आधी अभी बाकी है। जब तक व्यवस्था सुधरती नहीं, वे अपनी जंग को जारी रखेंगे, ऐसा भी कहा।

कुल घटनाक्रम संक्षेप में इस प्रकार रहा—

■ एक मजबूत आधार और मजबूत इरादों के साथ चले थे अन्ना।

■ ईश्वर में विश्वास और निष्ठा उन्हें सत्याग्रह की सफल परिणति तक ले गया।

■ गांधीवादी अन्ना की आवाज के साथ पूरे देश ने अपना स्वर मिलाया था। अन्ना जैसा चाहते थे, वैसा ही अंत हुआ।

■ सब जानते हैं कि हमारा देश ऊपर से नीचे तक भ्रष्टाचार में डूबा है, इसीलिए लोग अन्ना के पीछे चले थे।

■ सब यह भी जानते थे कि भ्रष्टाचार के विरुद्ध जंग लड़ना सरल नहीं है।

■ गांधीवादी संत अन्ना ने यह बीड़ा उठाया, उनकी स्वच्छ छवि के कारण पूरा देश उनके साथ हो लिया था।

भ्रष्टाचार के खिलाफ जारी रहेगी अन्ना की जंग

- अच्छी बात यह है कि अन्ना ने रणभूमि की पहचान कर रखी थी।
- किंतु...जैसी रणभूमि, वैसा ही था सरकार की ओर से चक्रव्यूह। उन्होंने चक्रव्यूहों में घुसने की कला टीम अन्ना को सिखा दी गई थी।
- रणभूमि में चोहत्तर वर्षीय अन्ना थे, किंतु खाली पेट। इसे ही उन्होंने अपना अस्त्र-शस्त्र और कवच बनाया।
- अन्ना जी वयोवृद्ध थे। उनकी हिम्मत व उनके हौसले की सरकार भी दाद देने पर मजबूर थी।
- देश के युवाओं को देखकर, उनके समर्थन को पाकर वृद्ध अन्ना भी उत्साहित बने रहे थे। वे स्वयं को इसलिए युवक कहते, क्योंकि उनका दिल जवान था।
- अन्ना जी में कमाल का जोश था।
- इस गांधीवादी समाजसेवी के जज्बे के क्या कहने!
- अटल बिहारी की तर्ज पर अन्ना की रार जरूर हुई, मगर उन्होंने पल-भर के लिए भी हार नहीं मानीं।
- रामलीला मैदान में सरकार तथा बड़े बड़े नेताओं के साथ खूब घमासान हुआ। एक दूसरे को पटखनी देने के सभी उपाय प्रयोग किए गए।
- इस समर में कई प्रकार की चौसर बिछीं।
- कभी राजनीति के दांव बाधा बने, कभी कूटनीतिक चालें भी देखने को मिलीं।
- शुरू में ही सरकार ने अपने तेवर कड़े कर अन्ना जी को आंखें दिखाईं।
- आरम्भ में ही अन्ना के आंदोलन पर पाबंदी लगा दी।
- जब सरकार ने देखा कि अन्ना पाबंदी से भी विचलित नहीं हुए तो उन्हें घर की सीढ़ियों से उतरते ही गिरफ्तार कर लिया गया।
- अन्ना राजघाट जाना चाहते थे, उसके बजाय उन्हें जेल में डाल दिया गया।
- अन्ना के सहयोगियों जिनमें किरण बेदी, अरविंद केजरीवाल आदि थे, को बंदी बना लिया गया।
- जब ये खबरें दूर-दूर तक टीवी के माध्यम से पहुंचीं तो कश्मीर से कन्याकुमरी तक सरकार के एक्शन का विरोध शुरू हो गया।
- विरोध की ऐसी आंधी चली कि सरकार ही हक्की-बक्की रह गई, किंतु सरकार तो सरकार है। वह जरा भी विचलित नहीं हुई, बल्कि उसने अपने तेवर और भी कड़े कर यह जताया कि वह ऐसे आंदोलनों से नहीं डरती।
- कुछ ही दिनों में सरकार की ऐंठ खत्म हो गई। उसे जनता की ताकत का पता चल गया। गुप्तचर विभाग की सूचनाएं सरकार को सोचने पर विवश करने लगीं।

- सरकार सकपका गई। नाटकीय ढंग से अन्ना की रिहाई करनी पड़ी। बिना मांगे, बिना कहे, सरकार को उन्हें रिहा करने के आदेश देने ही पड़े।
- अन्ना जी के अनशन पर लगी पाबंदियां भी हटा दी गईं।
- उन्हें रामलीला ग्राउंड देकर आंदोलन करने की स्वीकृति भी दे दी गई।
- सरकार ने स्वयं ही आगे बढ़कर टीम अन्ना के साथ बातचीत की पहल की।
- इन दिनों कई दांव-पेच खेले गए।
- हालात बनते-बिगड़ते दुनिया ने देखे।
- कभी मतभेद...कभी मन-भेद...कभी दोनों ... इस सबसे बाजियां पलटती रहीं।
- सरकार को बाबा रामदेव के आंदोलन के दिन अभी याद थे।
- सुप्रीम कोर्ट द्वारा रामदेव के सत्याग्रह पर संज्ञान लेना भी सरकार को परेशान कर रहा था।
- जंग चल रही थी। फैसले होते रहे और बदले जाते रहे। समय के अनुसार इनमें तो परिवर्तन किए जाते रहे कि सभी सीमाएं पार करने वाले थे।
- कल क्या हो सकता है, इसी का अनुमान लगाकर पक्ष तथा विपक्ष अपनी चालें चलता रहा।
- अन्ना का अनशन सफलता की ओर बढ़ रहा था, यह देश ने देखा।
- वक्त आया, सरकार हिल गई।
- अन्ना के अनशन के स्वर संसद में फूटे।
- 27 अगस्त को परिणाम सबके सामने था।
- केवल हमने और आपने ही नहीं, पूरे विश्व ने अहिंसा से प्राप्त जीत का नजारा देखा।
- अन्ना ने इसे आधी जीत बताया।
- अन्ना ने आजादी की दूसरी लड़ाई की आधी जीत की प्रतीक्षा करने को कहा।
- अन्ना ने कहा दिया—'जब तक पूरी जीत नहीं हो जाती, वे अपना आंदोलन जारी रखेंगे।' उन्होंने व्यवस्था परिवर्तन की लड़ाई जारी रखने का आह्वान किया।

अन्ना ने व्यवस्था परिवर्तन के लिए नए एजेंडे की भी घोषणा की। अगले लक्ष्य–

- भ्रष्ट नेताओं के खिलाफ देश में भ्रमण।
- 2014 में दागियों को मौका न देना।
- न्यायिक सुधारों के लिए आंदोलन।
- राइट टू कॉल बैक।

- ग्रामसभाओं को ताकतवर बनाना।
- किसानों व मजदूरों के जीवन में सुधार।
- पर्यावरण की रक्षा और पानी का सरंक्षण।
- शिक्षा का बाजारीकरण रोकना।

भ्रष्टाचार रुका तो गड़बड़ हो जायेगी

उल्टा-पुल्टा के लिए प्रसिद्धि पा चुके इंजीनियर जसपाल भट्टी लिखते हैं–

सरकार कई बार कह चुकी है कि हमारे पास कोई जादू की छड़ी नहीं है, जिससे रिश्वतखोरी रातो-रात खत्म हो जाए।

यह बात है भी सच और हम सबका मानना है कि भ्रष्टाचार एकदम खत्म नहीं हो सकता। कई चीजें एकदम खत्म होनी भी नहीं चाहिए। जैसे जबरदस्त डाइटिंग करके अगर कोई अपना मोटापा 4 दिनों में ही खत्म कर देता है तो वह खतरनाक हो सकता है।

किसी गरीब आदमी की अचानक 10 करोड़ की लॉटरी निकल जाती है तो वह पागल भी हो सकता है। इसी तरह अगर भ्रष्टाचार हिन्दुस्तान से रातो-रात गायब हो जाता है तो लाखों लोगों के लिए हानिकारक भी हो सकता है।

मान लो, कल हम सुबह उठते हैं और महसूस करते हैं कि भ्रष्टाचार हिन्दुस्तान छोड़कर जा चुका है। बहुत-से लोग तो मेरी इसी कल्पना पर हंसना शुरू हो गए होंगे। भाई! सोचने में क्या हर्ज है। लोग आपको घरों में कम और जेलों में ज्यादा मिलेंगे। जब सभी पुराने पापियों के चिट्ठे खुलेंगे तो हर दूसरा आदमी किसी को रिश्वत देने या रिश्वत लेने के चक्कर में अंदर हो जाएगा, लेकिन अंदर कहां हो जाएगा? जेलों में इतनी जगह तो होगी नहीं। हमें पुल, सड़कें, अस्पताल, स्कूलों की उधारी बंद करके नई जेल बनानी पड़ेंगी।

पुलिस इंकमटैक्स एक्साइज जैसे महकमों में भर्ती बंद हो जाएंगी। लोग सोचेंगे, भाई क्या करना, ऐसे ही सरकारी नौकरी करके। ऊपर-नीचे की कमाई तो है नहीं। लोग पॉलिटिक्स छोड़कर खेती-बाड़ी में लग जाएंगे। आम सुनने में आएगा कि होम मिनिस्टर या फाइनेंस मिनिस्टर की पोस्ट 15 महीनों से खाली पड़ी है, कोई लेने को तैयार नहीं। पागलखाने में भी जगह नहीं मिलेगी।

जिन लोगों ने करोड़ों रुपये की रिश्वत देकर सड़कों, पुलों और एयरपोर्ट बनाने के ठेके लिए होंगे, कांट्रेक्टर कैंसिल होने पर वे पागल हो जाएंगे। सबसे बड़ा बदलाव यह हो सकता है कि प्रधानमंत्री मनमोहन सिंह जी को सेवामुक्त कर दिया जाएगा। पार्टी कहेगी कि इनको ईमानदार होने के कारण रखा गया था। अब क्या फायदा, अब तो सब ही ईमानदार हैं।

29

सोलह से अट्ठाईस तक का लेखा-जोखा

अन्ना हजारे तथा अन्ना टीम ने अगस्त क्रांति के लिए मई, 2011 से कमर कस ली थी। उन्हें देश-भ्रमण कर लोगों को जागृत करना पड़ा। सरकार के साथ भी कई स्तरों पर बातचीत करनी पड़ी। लगभग दो महीने तो उन्हें वार्ता, मनने-मनाने में लगाने पड़े। उनके मार्ग में कई प्रकार की बाधाएं आईं। कुछ बाधाएं विरोधियों ने जान-बूझकर खड़ी कीं। वे नहीं चाहते थे कि अन्ना का मिशन सफल हो, किंतु सिर पर कफन बांधकर निकल चुके अन्ना ने तो तब तक चैन नहीं लेना था, जब तक वे आंदोलन को परिणति तक नहीं पहुंचा लेते।

कहीं सरकारी तंत्र उन्हें धमकियां दे रहा था तो कहीं गैर-सरकारी लोग उनकी टांग खींचने की तरकीबें लड़ा रहे थे। बीच में रहकर, विश्वासपात्र बनकर भी कुछ ने उनको लक्ष्य से गिराने की कोशिशें की। यह तो अब पता चला कि अन्ना टीम की कोर कमेटी में भी एक संन्यासी ने उन्हें नुकसान पहुंचाया।

खैर, यहां हम बिल्कुल ही संक्षिप्त रूप से 16 अगस्त से लेकर 28 अगस्त, 2011 तक, अन्ना की अगस्त क्रांति की तिथि के अनुसार तस्वीर पेश कर रहे हैं। किस दिन ऐसा क्या हुआ, जिसे याद रखना अत्यंत अनिवार्य है।

तिथि	घटनाएं
16 अगस्त	अनशन के लिए सीढ़ियों से उतरकर जा रहे अन्ना जी को पुलिस ने गिरफ्तार कर लिया। उन्हें घुमा-फिराकर आंख मिचौली करते हुए सीधे तिहाड़ जेल भेज दिया गया। जैसे ही बात फैली,

पूरे देश में केन्द्र सरकार के इस कदम की खूब भर्त्सना हुई। इसी के साथ सरकार का कद घटने लगा और अन्ना जी का कद बढ़ता रहा। पुलिस की कार्रवाई की खूब निंदा हुई।

17 अगस्त — दिल्ली पुलिस ने रामलीला मैदान में टीम अन्ना को सशर्त आंदोलन की इजाजत दे दी। शर्तें ऐसी कि मानना मुश्किल, अनशन की अवधि को लेकर भी मतभेद बढ़ते ही रहे। टीम अन्ना की भाग-दौड़ काम न आ रही थी।

18 अगस्त — अन्ना ने 16 अगस्त से ही तिहाड़ जेल में अनशन शुरू कर दिया। वह आज भी चलता रहा। उन्हें पंद्रह दिन के लिए अनशन करने की इजाजत दी गई। अन्ना को यह शर्त भी मंजूर नहीं थी। इस तरह हर दिन गतिरोध बढ़ता रहा। लोग 16 से ही तिहाड़ जेल के बाहर हजारों की तादाद में चौबीस घंटे जमे रहे तथा अन्ना व उनके आंदोलन के पक्ष में नारेबाजी करते रहे।

19 अगस्त — हालात ऐसे भी पैदा हो गए कि अन्ना को रिहा करना पड़ा। उनकी यह रिहाई 60 घन्टे बाद हुई। अन्ना विशाल रैली के साथ रामलीला मैदान पहुंचे। उन्होंने अपने अनशन को जारी रखा। देश-भर में उनके समर्थन में रैलियां, अनशन होने लगे। लोग रामलीला मैदान में ऐसे पहुंचे कि दिन-रात वहीं बिताने लगे। वे लगातार अन्ना को समर्थन देते रहे।

20 अगस्त — प्रधानमंत्री डॉक्टर मनमोहन सिंह ने आज लोकपाल के मसले पर बीच के रास्ते के संकेत देकर अन्ना समर्थकों को शांत करने का प्रयास किया। इसी दिन टीम अन्ना की ओर से एक नई मांग उठी। उन्होंने कहा कि सरकार लोकपाल पर जनमत संग्रह करवाए।

21 अगस्त — देश में क्रोध बढ़ता रहा। लोगों में सरकार तथा इसके दो-तीन मंत्रियों के विरुद्ध आक्रोश रुकने का नाम नहीं ले रहा था। भारी जन-समर्थन देखकर अन्ना जी ने 30 अगस्त की तिथि देकर कहा—इस दिन तक या तो सरकार जन-लोकपाल विधेयक पास करे या गद्दी छोड़े। इस चेतावनी से सरकार में हड़बड़ी जैसा माहौल पैदा हो गया।

22 अगस्त — कपिल सिब्बल तथा पी. चिदंबरम के प्रति रोष इतना बढ़ गया कि अन्ना ने लक्ष्मण रेखा खींच दी। उन्होंने कह दिया कि वे प्रधानमंत्री या राहुल गांधी के अलावा और किसी से बात नहीं करेंगे। उन्होंने स्पष्ट कर दिया कि इन दोनों के सिवा वे किसी और की मध्यस्थता स्वीकार नहीं करेंगे।

23 अगस्त आज अन्ना जी की तबीयत बिगड़ती ही गई। देश-भर में सरकार के प्रति आक्रोश बढ़ने लगा। प्रधानमंत्री की चिंता बढ़ी। उन्होंने अन्ना हजारे को पत्र लिखकर उनके जीवन को बहुमूल्य बताया तथा अतिशीघ्र अनशन तोड़ने को कहा। उन्होंने यह भी लिखा कि सरकार उनकी कुछ शर्तें मानने को तैयार है। सरकार ने नरमी अपनायी।

24 अगस्त कुछ वार्ता हुई, किंतु सरकार तथा टीम अन्ना (मतलब अन्ना) में वार्ता विफल हो गई। इसी शाम सर्वदलीय बैठक में प्रधानमंत्री ने विचार-विमर्श किया और सरकार ने बनती बात बिगाड़ते हुए अपने तेवर कड़े कर लिए। सरकार ने कह दिया कि अन्ना की तीन मांगें किसी भी हालत में नहीं मानी जा सकतीं।

25 अगस्त आज अन्ना की तबीयत और भी बिगड़ी। अन्ना पक्ष भी कठोर हुआ। इस पर सरकार के तेवरों में कुछ नरमी आई। उसने कह दिया कि वह जन-लोकपाल विधेयक को लोकसभा में पेश करने को तैयार है, फिर भी हजारे की तीन मांगों का क्या होगा, यह स्पष्ट नहीं हो रहा था।

26 अगस्त आज लोकसभा में जन-लोकपाल पर बहस होनी थी, किंतु यह नहीं हो पाई। राहुल गांधी ने सात पृष्ठों का वक्तव्य लोकसभा में पढ़ा। इसने खेल और भी बिगाड़ दिया। राहुल के वक्तव्य पर कड़ी प्रतिक्रिया हुई।

27 अगस्त सदन में दिन-भर बहस चलती रही। प्रणव मुखर्जी के बयान के बाद सुषमा स्वराज, विपक्ष की नेता ने लम्बा वक्तव्य दिया, फिर एक के बाद एक सभी पार्टियां अपना पक्ष रखती रहीं। सरकार ने अन्ना की तीनों मांगों को मानने की बात कह दी, बल्कि कहनी पड़ी। अन्ना को जब लिखित सहमति विलासराव देशमुख ने पहुंचाई तो अन्ना ने भी अनशन तोड़ने की बात कहकर सबको राहत पहुंचाई।

28 अगस्त सरकार के लिखित आश्वासन को मानते हुए अन्ना ने रविवार 28 अगस्त, 2011, प्रातः सवा दस बजे नारियल व शहद के साथ अपना अनशन तोड़ा। रामलीला ग्राउंड तथा पूरे देश में खुशी की लहर दौड़ पड़ी जहां-जहां भी अनशन चल रहे थे, सब तोड़े गए। अन्ना ने इसे लोगों की जीत बताकर बहुत-से वर्गों का धन्यवाद किया।

30

27 अगस्त का हाई ड्रामा

25 तथा 26 अगस्त को कुछ उठा-पटक के बाद हर भारतीय के मन में एक बड़ी आशा जागी थी। पूरी उम्मीद लग गई थी कि किसी समय भी अन्ना जी की तीनों शर्तें सरकार मान लेगी और बहुत कुछ अच्छा-अच्छा सुनने को मिल सकता है। अन्ना जी का अनशन 25 को नहीं टूटा। बात 26 पर आ गई। आशाएं बंधीं मगर धराशायी कर दी गई। अब हर बात का दारोमदार 27 अगस्त पर खिसकता चला गया। प्रयत्न यह भी हुए कि 27 अगस्त को शनिवार होने के कारण शायद दोनों सदनों में सदस्यों की संख्या कम रहे। इसलिए पूरा मसला थोड़ा और आगे खिसकाकर सोमवार 29 अगस्त पर छोड़ दिया जाए। पीठ थपथपाने वाले और टांग खींचने वाले पूरी शक्ति के साथ काम करते रहे। किसी को सफलता साफ नजर आ रही थी तो कोई उसे सिरे नहीं चढ़ने देने की कसम खा चुका था। इसलिए सब कुछ अनिश्चित रहा और टीम अन्ना हजारे के तेवर पहले से कड़े होते गए। सरकार के तेवर तो कड़े थे ही, इसलिए सरकार पर धोखा करने के आरोप भी जड़ दिए गए।

भय्यू जी की कोशिशें भी तार-तार की जा रही थीं। टीम अन्ना की भाग-दौड़ काम न आ रही थी। श्री श्री रविशंकर के प्रयास भी फलीभूत नहीं हो रहे थे। बाबा रामदेव तो अन्ना हजारे तक ही सीमित थे तथा उनकी टीम में जोश भर रहे थे।

पी. चिंदबरम, कपिल सिब्बल, स्वामी अग्निवेश पर टीम अन्ना को विश्वास नहीं रहा था। उन्हें बिल्कुल हाशिये पर धकेल दिया गया था। अब तक प्रणव मुखर्जी भी दोहरी चाल चल रहे थे, ऐसा भी कहा जाने लगा था। अब उम्मीदें प्रधानमंत्री डॉ. मनमोहन सिंह, सलमान खुर्शीद तथा भैय्यू जी महाराज पर टिकी थीं। सब कुछ भूल-भुलाकर प्रणव मुखर्जी पर पुनः आशाएं बन गई थीं। इन सबके

प्रयासों के बाद भी खींचा-तान होती रही और 26 की रात तक भाजपा को अपनी ओर पूरी तरह मिला लेने में टीम अन्ना सफल हो चुकी थी। उसके समर्थन का पक्का आश्वासन अन्ना टीम के पास था।

27 अगस्त की शुभ प्रभात

अब हम आपको 27 अगस्त के हाई ड्रामा की कुछ झलकियों के केवल सांकेतक ही प्रस्तुत कर रहे हैं–

प्रात: के समय ही टीम अन्ना से सरकार के मंत्रियों की वार्तालाप का दौर शुरू हो गया था। यहीं से हालात करवट लेने को तैयार थे।

मंत्री सलमान खुर्शीद के घर मेधा पाटेकर, प्रशांत भूषण और भैय्यू जी महाराज गुफ्तगूं के लिए पहुंचे। इसके बाद खबरें उड़ने लगीं। सुनने को मिला कि सरकार अन्ना हजारे की तीनों शर्तों को मानने के लिए सहमत हो गई है।

बस फिर क्या था। किरण बेदी में जोश भर गया। उन्होंने इंटरनेट पर ट्वीट करना शुरू कर दिया कि अब ऐतिहासिक क्षण आने वाला है। इसी के साथ टीवी चैनलों में ब्रेकिंग न्यूज फ्लैश होनी शुरू हो गई। जो तीन-चार एक के बाद एक ब्रेकिंग न्यूज पढ़ने-सुनने को मिलीं, पहले उन्हें देखें :

पहली : अन्ना हजारे की तीनों मांगें सरकार द्वारा मान ली गईं।

दूसरी : ऐतिहासिक क्षण करीब आ रहा है–किरण बेदी।

तीसरी : अन्ना समाप्त कर देंगे अनशन।

चौथी : अन्ना की जीत : सरकार ने घुटने टेके...आदि।

ड्रामा संसद परिसर की ओर अग्रसर। वहां खबर फैली कि वित्तमंत्री प्रणव मुखर्जी ने टीम अन्ना को प्रस्ताव देखने के लिए संसद में बुला लिया है।

किंतु...कुछ सोच-विचार के बाद टीम अन्ना ने संसद भवन नहीं जाने का फैसला किया। निर्णय लेते ही वे सब सलमान खुर्शीद को बिना बताए उनके निवास पर पहुंच गए। वहां जाकर पता चला कि मंत्री तो पहले ही संसद भवन जा चुके हैं। उन्होंने मंत्री से फोन पर बात की। उन्हें जो कुछ बताया गया, उसी के साथ ही फिजा बदल गई। टीम अन्ना की उम्मीदों पर पानी फिर गया। उन्हें एक बार फिर निराशा ने घेर लिया।

आव देखा न ताव, क्रोध से भरे हुए अरविंद केजरीवाल ने टीवी को बाइट दे डाली। उन्होंने बयान में कहा–'उनके साथ सरकार ने विश्वासघात किया है।' उन्होंने कह ही दिया–'पिछले चार दिनों से सरकार अपना रुख तीन बार बदल चुकी है।' इससे अन्ना हजारे से जुड़ा पूरा देश उदास हो गया।

यह अरविंद केजरीवाल द्वारा अपनी भड़ास निकाली गई थी। इसी से संसद भवन के गलियारों में हडकंप का मचना निश्चित था। ऐसा हुआ भी।

टीवी पर फिर ब्रेकिंग न्यूज आने लगीं। उन्हें देखिए–

पहली : अन्ना टीम प्रस्ताव लेने के लिए रवाना।

दूसरी : टीम अन्ना और सरकार से बातचीत पटरी से उतरी।

तीसरी : सरकार ने फिर की धोखाधड़ी।

इसी से संसद के गलियारों में, परिसर में, टीवी के आस-पास अफवाहों का बाजार गरम हो गया। सब जान गए थे कि सरकार प्रस्ताव पास करने को तैयार नहीं।

किरण बेदी ने जो कुछ देर पहले न्यूज फ्लैश करवाई थी, उसी से रामलीला मैदान में खुशी का माहौल बन चुका था, किंतु अरविंद केजरीवाल द्वारा दी गई बाद की खबरों ने माहौल को एक बार फिर उदास बना दिया। जोशीली भीड़ उदास हो गई। उनके चेहरे उतर गए। आशा अब निराशा में बदल गई थी।

उधर संसद में बैठे मंत्रियों को भी अरविंद केजरीवाल के बयानों तथा लोगों में छा चुकी निराशा की जानकारी पहुंचा दी गई।

शीर्ष नेताओं में सबसे अधिक चिंतित हुए प्रणव मुखर्जी, जिन पर धोखा देने, बातचीत को ताड़पीड़ो करने के आरोप लग रहे थे। उन्होंने अपने कुछ शीर्ष नेताओं को कक्ष में बुलाया। उनसे सलाह-मशविरा किया। इसी के साथ विपक्ष की नेता (लोकसभा) सुषमा स्वराज तथा राज्यसभा में विपक्ष के नेता अरुण जेटली को बुलवाकर उनके साथ भी विचार-विमर्श किया।

कुछ विचार-विमर्श के बाद विपक्ष के नेता प्रधानमंत्री से मिलें। उनसे भी इस गम्भीर विषय तथा बदले हुए हालात पर बातचीत की। बातचीत संजीदा माहौल में की गई थी।

एक बार फिर प्रस्ताव को नया रूप दिया गया। अन्ना जी की मांगों के अनुरूप ही मसौदा तैयार हुआ, फिर टीवी पर लोगों ने ब्रेकिंग न्यूज को पढ़ा, जो इस प्रकार थीं –

पहली न्यूज : बातचीत पुनः पटरी पर।

दूसरी न्यूज : अनशन समाप्त करने के हालात बने।

तीसरी न्यूज : अन्ना खोल सकते हैं अनशन।

चौथी न्यूज : संशोधित प्रस्ताव सदन में जाएगा।

इन कुछ ब्रेकिंग न्यूज से केवल रामलीला मैदान में ही नहीं, पूरे देश में एक बार फिर उम्मीदें जागीं। अन्ना के लिए लोग यज्ञ, हवन, प्रार्थनाएं करते नजर आए।

संसद के गलियारों में वित्तमंत्री प्रणव मुखर्जी, सलमान खुर्शीद, विलासराव देशमुख सहित कुछ वरिष्ठ नेता यहां-से-वहां, वहां-से-यहां आते-जाते, उठते-बैठते प्रधानमंत्री के कान में कुछ कहते देखे गए।

सुषमा स्वराज तथा अन्य के राज्यसभा में भी धुआंधार भाषण होते रहे। सरकार तथा विपक्ष अपनी-अपनी बात कहते रहे। लोग टीवी के साथ जुड़े बैठे सब सुनते रहे।

इसी समय मीडिया को जानकारी दी गई कि अन्ना की तीनों मांगें मानकर प्रस्ताव में शामिल कर ली गई हैं। वित्तमंत्री प्रणव मुखर्जी ने लोकसभा के पटल पर अन्ना की तीनों मांगों पर सैद्धांतिक सहमति जता दी। पूरे सदन ने, पक्ष और विपक्ष दोनों ने मेजें थपथपाकर गांधीवादी समाजसेवी अन्ना हजारे के महासंग्रामों की घोषणा कर दी गई। ब्रेकिंग न्यूज और फिर पूरी जानकारी...रामलीला मैदान के साथ पूरे देश ने सुनी।

इस प्रकार हाई वोल्टेज ड्रामे का अंत हुआ था 27 अगस्त शनिवार की शाम।

31

अन्ना ने किया प्रधानमंत्री का धन्यवाद

जब अन्ना हजारे ने 12 दिन बाद अपना अनशन तोड़ा तो उन्होंने और उनकी टीम ने सांसदों और प्रधानमंत्री का ही सबसे पहले धन्यवाद किया।

लोकपाल के मुद्दे पर अपने आंदोलन के दौरान अन्ना हजारे पक्ष के निशाने पर हमेशा संसद सदस्य रहे और उन्होंने प्रधानमंत्री डॉ. मनमोहन सिंह की कथित चुप्पी पर भी कई बार निशाना साधा था। अब वे गिले-शिकवे खत्म हो गए थे और धन्यवाद का दौर शुरू हो गया था।

अन्ना हजारे ने अनशन तोड़ने के बाद कहा–'हम संसद सदस्यों के शुक्रगुजार हैं, जिन्होंने उनके उठाए मुद्दों पर प्रस्ताव पारित कर अनशन/आंदोलन को सफल बनाया।

अन्ना ने प्रधानमंत्री का विशेष रूप से धन्यवाद किया। उन्होंने ऐसा रामलीला मैदान के मंच से कहा, जिसे पूरे देश ने सुना।

उन्होंने अनशन तोड़ने के बाद कहा–'हम संसद सदस्यों के शुक्रगुजार हैं, जिन्होंने उनके उठाए मुद्दों पर प्रस्ताव पारित किया। हजारे ने प्रधानमंत्री का आभार जताया। इस आभार से सभी सहमत थे।

अन्ना जी से पहले हजारे पक्ष के प्रमुख सदस्य अरविंद केजरीवाल ने कहा–'हम प्रधानमंत्री और संसद के शुक्रगुजार हैं, लेकिन हम यह भी स्पष्ट कर देना चाहते हैं कि हम जन-लोकपाल के जरिए किसी संवैधानिक संस्था की मांग नहीं कर रहे हैं।

नेताओं को चोर नहीं कहा

अरविंद केजरीवाल ने कहा कि हमारे बारे में कहा गया कि हमने सारे नेताओं को चोर कहा है...हमने तो ऐसा कभी नहीं कहा। सब नेता चोर नहीं हैं। अच्छे भी हैं और कुछ बुरे भी हैं।

लोकपाल के मुद्दे पर अपनी मांग नहीं माने जाने तक हजारे पक्ष ने संसद सदस्यों की विशेष तौर पर आलोचना की थी, यह बात भी सब जानते हैं।

हजारे पक्ष के कई सदस्यों ने कहा था कि संसद सदस्यों को जनता ने चुनकर भेजा है, लेकिन आज वे जन-भावना को ही नहीं पहचानना चाहते। जाहिर है अन्ना पक्ष से आई ऐसी बातों ने सरकारी पक्ष को तब जरूर क्षुब्ध किया था। बाद में सब ठीक हो गया और शिकायतें भी खत्म हो गईं।

मतभेद नहीं

इसी समय कुछ बातें ऐसी भी निकलीं, जिनसे लगता कि हजारे पक्ष में मतभेद हैं। इसका लाभ वह पक्ष उठा लेना चाहता था, जिसने आंदोलन को सफल होने योग्य बनाना था तथा एकबारगी बना भी दिया था।

हवा में निकली बातों से अन्ना पक्ष भी चिंतित हो रहा था। इस बीच मेधा पाटेकर, अन्ना टीम की अग्रणी कार्यकर्ता ने इन बातों को खारिज कर दिया कि हजारे पक्ष में मतभेद हैं।

मेधा पाटेकर ने कहा–'हमारे बीच कोई मतभेद नहीं हैं। यह कहा जा रहा है कि मैं और प्रशांत भूषण सरकार से बातचीत करने इसलिए गए, क्योंकि हमारा उदारवादी नजरिया है।'

उन्होंने आगे कहा–'इस तरह की बातें सही नहीं हैं। मैंने और प्रशांत ने बातचीत के लिए जाने का निर्णय इसलिए किया था, क्योंकि दूसरे लोग अलग-अलग कामों में व्यस्त थे।'

प्रसिद्ध सामाजिक कार्यकर्ता पाटेकर ने कहा–'हमारा नजरिया एकदम स्पष्ट है। हम मिल-जुलकर निर्णय करते हैं। हम अरविंद केजरीवाल और उनके साथियों को मुख्यकोर समूह मानते हैं।

लालू पर परोक्ष निशाना साधा

अन्ना हजारे तथा टीम अन्ना ने प्रधानमंत्री और सांसदों का एकमुश्त धन्यवाद किया। जाहिर है, दोनों (लोकसभा तथा राज्यसभा) के प्रस्ताव ने ही उनके आंदोलन को कामयाब बनाया था। फिर भी जिन पार्टियों या सांसदों ने बहस के दरम्यान, इससे पहले भी उनके आंदोलन को नुकसान पहुंचाने की कोशिशें कीं, उनसे टीम अन्ना नाराज चल रही थी, किंतु धन्यवाद के समय प्रत्यक्ष रूप से उन्होंने किसी भी सांसद को नाराज नहीं किया। यही वक्त की नजाकत भी थी।

अन्ना हजारे के साथी कार्यकर्ताओं के साथ खुले मतभेद रखने वाले राजद प्रमुख लालू प्रसाद यादव पर हजारे पक्ष ने परोक्ष रूप से निशाना साधा।

हजारे के अनशन तोड़ने के दौरान रामलीला मैदान पर समर्थकों को संबोधित करते हुए अरविंद केजरीवाल ने कहा कि संविधान बाबा साहेब भीमराव अंबेडकर ने बनाया। उन्होंने दुनिया का बेहतरीन संविधान बनाया, लेकिन अगर उनहें पता होता 'नेता ही चारा खा जाएंगे' और काला धन स्विस बैंकों में जमा करा देंगे तो वे संभवत: इससे निबटने के कड़े प्रावधान करते।

पूर्व रेलमंत्री लालू प्रसाद चारा घोटाले में आरोपी हैं। लालू प्रसाद यादव के हजारे पक्ष से तीखे मतभेद रहे हैं। हजारे पक्ष ने संसद के मानसून सत्र से पहले लोकपाल के मुद्दे पर अपना रुख स्पष्ट करने के लिए राजनैतिक दलों के नेताओं से संवाद करने के तहत जब लालू यादव से भेंट की, तब भी राजद प्रमुख ने उन्हें कई मुद्दों पर घेरने की कोशिश की।

लोकसभा में भी लालू ने काटी बात

27 अगस्त को लोकसभा में लोकपाल पर चर्चा के दौरान भी कहा–'जो मामला पहले ही स्थायी समिति के पास है, उस पर चर्चा कराकर क्या सरकार संसदीय सर्वोच्चता का उल्लंघन नहीं कर रही?'

लालू का कहना था कि यह मामला स्थायी समिति के पास है, जिसे जो भी कहना है, वहां कहे।

रामलीला मैदान में हजारे समर्थकों को संबोधित करते हुए केजरीवाल ने एक बार यह भी कहा था कि लोकपाल विधेयक को स्थायी समिति में नहीं भेजा जाना चाहिए, जिसमें लालू प्रसाद जैसे संसद सदस्य हैं।

32

जंग अन्ना ने जीती, पर आगे क्या होगा?

टीवी के सभी चैनलों, देश-विदेश में छपने वाले सभी समाचार पत्रों ने अन्ना की जीत की खुलकर सराहना की। 28 तथ 29 अगस्त को सम्पादकीय तथा न्यूज रिपोर्ट में अन्ना जी को उनकी सफलता के कारण बहुत बड़ा हीरो सिद्ध करने में किसी ने कोई कसर नहीं उठा रखी थी, किंतु ठीक एक सप्ताह बाद शनिवार (3 सितम्बर) तथा रविवार (4 सितम्बर) आते-आते जैसे लोगों की उम्मीदों पर भी पानी फिरने लगा। वे अपने मन में मित्रों से पूछने लगे कि आगे क्या होगा? बट व्हाट नैक्स्ट?

आइए, बहुत से सम्पादकीय न लेकर केवल एक को ही यहां लेते हैं। दैनिक ट्रिब्यून के सम्पादकीय को, जो 29 अगस्त, 2011 के अंक में आया, पहले उसी को साभार लेते हैं, फिर करेंगे आगे की बात। विद्वान सम्पादक ने लिखा–

जनता की जीत

आखिरकार जीत जनता और उसके नायक अन्ना हजारे की हुई। सरकार और राजनीतिज्ञों द्वारा गिरगिट की तरह रंग बदलने के बावजूद देश की संसद ने शनिवार (27 अगस्त) को देर शाम अन्ना की उन तीन मांगों को स्वीकार करते हुए सर्वसम्मत प्रस्ताव पारित कर स्थायी समिति को भेज दिया, जो लोकपाल को वाकई प्रभावी बनाएगा।

जनता के द्वारा, जनता के लिए, जनता का शासन होने का दम भरने वाली सरकार को जनता की बात मानने में पूरे 12 दिन लग गए। केवल 12 दिन ही नहीं

लगे, बल्कि इन 12 दिनों तक एक 74 वर्षीय गांधीवादी समाजसेवी दिल्ली के रामलीला मैदान में अनशन पर भी बैठा रहा और उसका स्वास्थ्य लगातार गिरता गया। अक्सर कहा जाता है : अंत भला तो सब भला, पर कुछ कड़वी सच्चाइयों से मुंह मोड़ना किसी के भी हित में नहीं होता। इसलिए यह नजरअंदाज नहीं किया जा सकता कि जनता द्वारा अपना अधिकार ही मांगे जाने पर भी सरकार उसका हर संभव प्रतिरोध करती रही।

मांग महज जन-लोकपाल विधेयक की ही तो थी। इस देश में भ्रष्टाचार पर अंकुश लगाने के लिए पिछले चार दशक से भी ज्यदा समय से लोकपाल का राग कमोबेश सभी दल अलापते रहे हैं, लेकिन उसे बनाने की गंभीर और ईमानदार कोशिश किसी ने नहीं की।

जाहिर है, राजनीतिक दल इस टिप्पणी को अपने ऊपर अवांछित आक्षेप ही मानेंगे, पर इससे सच्चाईई तो नहीं बदल जाएगी। इन चार दशकों में भारतीय राजनीति की लगभग सभी धाराएं प्रत्यक्ष अथवा अप्रत्यक्ष रूप से केन्द्रीय सत्ता पर काबिज रही, पर इसके बावजूद लोकपाल विधेयक पारित नहीं किया जा सका तो फिर राजनीतिक दलों की नीयत पर शक क्यों न किया जाए।

भ्रष्टाचार के विरुद्ध अनवरत संघर्ष के नायक के रूप में पहचाने जाने वाले अन्ना हजारे सिर्फ यही तो चाहते थे कि लोकपाल महज नाम का नहीं, काम का भी हो। इसके लिए उन्होंने बकायदा जन-लोकपाल के रूप में विधेयक का अपना एक मसौदा भी पेश किया, जिसे सरकार ने नहीं माना। नतीजतन अन्ना को अप्रैल में जंतर-मंतर पर अनशन पर बैठना पड़ा कि लोकपाल का मसौदा तैयार करने वाली समिति में सिविल सोसायटी के सदस्य भी शामिल किए जाएं।

संविधान और परंपराओं की दुहाई देने वाली सरकार तब भी पांच दिन में मानी थी, लेकिन साझा समिति बनाने के बाद भी मनमानी से बाज नहीं आई तो अन्ना को 16 अगस्त से फिर से अनशन पर बैठना पड़ा। इस बार सरकार द्वारा घर से ही गिरफ्तार कर लिए जाने के बाद तिहाड़ जेलों में शुरू हो गया अनशन। तीन दिन बाद रामलीला मैदान स्थानांतरित हुआ, तब तक यह साफ हो गया कि इस बार देश और खासकर युवा वर्ग पहले से भी ज्यादा एकजुटता के साथ अन्ना के साथ खड़ा है।

इसके बावजूद सरकार और राजनैतिक दलों ने मामले की गंभीरता को समझने में 12 दिन लगा दिए तो यह उनके जनता और जमीन से कटते जाने का भी प्रमाण है। यह सच है कि हमने जो संसदीय लोकतांत्रिक शासन प्रणाली अपनायी है, उसमें काननू बनाने का अधिकार संसद का है, पर हम यह क्यों भूल जाते हैं कि कानून

अंततः जनता के लिए ही बनाए जाते हैं और जनता ही इस लोकतंत्र की धुरी भी है। इसलिए अगर आए दिन बेलगाम भ्रष्टाचार का दंश झेल रही जनता ने अन्ना के जरिए यह मांग की कि लोकपाल कानून बनाते समय उसके सुझाव भी उसमें शामिल किये जाएं तो उसे संसदीय लोकतंत्र के लिए खतरे के रूप में देखना और दिखाना कहीं-न-कहीं तंग लोकतांत्रिक नजरिए का ही परिचायक है।

जैसे-जैसे अन्ना का स्वास्थ्य गिरता गया, जनाक्रोश बढ़ता गया, लेकिन यह इस बुजुर्ग गांधीवादी का जादू ही माना जाएगा कि देश-भर में लोगों के सड़कों पर उतरने के बावजूद कहीं भी हिंसा की कोई भी घटना नहीं हो पाई।

शायद अहिंसक रहना ही इस आंदोलन की सफलता का सबसे महत्त्वपूर्ण कारण भी रहा, वरना किसी भी हिंसक आंदोलन को सरकार को कुचलने में ज्यादा वक्त नहीं लगता। कहा जा सकता है कि हाल ही में जून में काले धन के विरुद्ध बाबा रामदेव का अनशन-सत्याग्रह भी तो अहिंसक था, पर सरकार ने पुलिस दमन के जरिए उसे कुचल दिया।

बेशक, उस मामले में सुप्रीम कोर्ट ने जैसा सख्त रुख दिखाया है, उसके मद्देनजर कम-से-कम दिल्ली पुलिस वैसी गलती दोबारा नहीं करना चाहेगी, फिर अन्ना और रामदेव में फर्क है। योग सिखाते-सिखाते रामदेव पहली बार सरकार से टकराने निकले थे, जबकि अन्ना का जीवन ही भ्रष्टाचार के विरुद्ध संघर्ष यानी कि संस्कारों से टकराव में गुजर रहा है। अन्ना के साथ पूर्व आईपीएस अधिकारी किरण बेदी, सुप्रीम कोर्ट के दो माहिर वकील शांति भूषण व प्रशांत भूषण, सुप्रीम कोर्ट के पूर्व न्यायाधीश न्यायमूर्ति संतोष हेगड़े और सूचना के अधिकार अभियान के जाने-माने नाम अरविंद केजरीवाल भी हैं। इसलिए अन्ना के आंदोलन में इस बात का पूरा ध्यान रखा गया कि सरकार और उसकी एजेंसियों को कहीं भी कोई मौका फंसाने का न मिल जाए।

दरअसल अन्ना का बेदाग और संघर्षपूर्ण जीवन ही इस आंदोलन की सबसे बड़ी ताकत रहा। राजनेताओं और भ्रष्टाचार से आजिज जनता को अन्ना के रूप में एक ऐसी शख्सियत मिली, जिस पर वह पूरी तरह भरोसा कर सकती है। इसीलिए देखते-ही-देखते देश-भर में ऐसा अभूतपूर्व जन आंदोलन खड़ा हो गया कि विश्व के सबसे बड़े लोकतंत्र की सरकार को भी झुकना पड़ा, पर हार-जीत के इस घटनाक्रम के बाद अब सबकी एक ही कोशिश होनी चाहिए कि देश को जल्दी-से-जल्दी एक मजबूत लोकपाल मिले, ताकि भ्रष्टाचार पर अंकुश लग सके।

130 *भ्रष्टाचार के खिलाफ जारी रहेगी अन्ना की जंग*

33

तिरंगा फहराकर पूरे देश ने मनाया जश्न

कोई अन्ना हजारे को लालबहादुर शास्त्री जैसा मानता है तो कोई उनकी समानताएं महात्मा गांधी से जोड़ता है। कोई कहता है कि दोनों का लक्की नम्बर 3 है। कोई उनकी उंगलियों के चिह्नों को समान बताता है। कोई कहता है कि दोनों को 74 साल की आयु में ही खासमखास सफलता मिली। कोई उनकी जन्मपत्री मिलाता है तथा ग्रहों की चाल समझाता है। कुछ भी कहें, जो शानदार सफलता अन्ना हजारे को मिली, यह कभी भुलाई नहीं जा सकती। विशेषकर इसलिए भी कि पूरा आंदोलन, जिसमें युवाओं की संख्या सबसे अधिक रही, पूरी तरह अहिंसात्मक रहा। किसी भी प्रकार का दंगा, मारपीट, लूट-पाट, टूट-फूट नहीं हुई। सरकारी तथा निजी सम्पत्ति को कहीं भी, किसी ने भी नुकसान नहीं पहुंचाया।

देश-भर में जश्न का माहौल

आइए, बात करते हैं उस खुशी की, जो पूरे देश ने मनाई। कोई भी ऐसा विंग नहीं था जिसने इस जश्न में ख़ुशी-खुशी भाग नहीं लिया। संत से स्वभाव वाले अन्ना ने ऐसी जंग जीती, जिसकी मिसाल विश्व में नहीं मिलेगी। पूरा सदन खड़े होकर, स्पीकर भी अन्ना हजारे को अनशन तोड़ने की अपील कर रहा था। ऐसा इससे पहले कभी नहीं हुआ। पूरी लोकसभा ने किसी एक समाजसेवी को जो अपील की, ऐसा इतिहास में कभी नहीं हुआ। भविष्य में ऐसा हो, इसकी भी उम्मीद नहीं है।

मिठाइयां बंटीं

समाजसेवी अन्ना हजारे के 28 अगस्त (रविवार) को अनशन तोड़ने के साथ ही रामलीला मैदान से लेकर उनके गांव रालेगण सिद्धि तक उनके समर्थकों ने तिरंगा लहराकर और एक-दूसरे को मिठाइयां खिलाकर इस जश्न को जनता की जीत के रूप में मनाया।

प्रस्ताव पास होने के बाद

संसद के दोनों सदनों में लोकपाल के मुद्दे पर हजारे की तीन मांगों पर सैद्धांतिक रूप से प्रस्ताव पारित किए जाने के बाद ही खुशी का माहौल बन गया था।

कब हुई जश्न की वास्तविक शुरुआत

वास्तव में इस पूरे जश्न की शुरुआत 28 अगस्त, 2011 की प्रात: हुई। प्रात: 10 बजकर 20 मिनट पर गांधीवादी अन्ना हजारे ने दलित और मुस्लिम बच्चियों के हाथों नारियल और शहद पीकर 288 घंटे का अपना अनशन तोड़ा, जिसे उन्होंने 16 अगस्त (मंगलवार) को शुरू किया था।

झलक पाने के लिए धक्का-मुक्की

28 अगस्त को 74 वर्षीय हजारे ने राजधानी दिल्ली स्थित रामलीला मैदान में अपना संबोधन शुरू किया तो वहां लोग उनकी एक झलक पाने के लिए धक्का-मुक्की करने लगे।

उस दिन मैदान में लोग प्रात: से ही जुटना शुरू हो गए थे। 28 वर्षीय प्रबंधन पेशेवर रीति बोरा ने कहा– 'यह लोगों की जीत है। यह हमारे लोकतंत्र की जीत है। लोग यहां पर बड़ी संख्या में आए हैं, क्योंकि सभी भ्रष्टाचार से त्रस्त हैं।'

विजयी ध्वज फहराया

महाराष्ट्र स्थित हजारे के गांव में प्रत्येक घर में विजयी ध्वज अथवा 'गुड़ी' लगाए गए थे। बड़ी संख्या में ग्रामीण उस यादव बाबा मंदिर के बाहर एकत्रित थे, जहां गांधीवादी अन्ना रहते थे।

ग्रामीणों ने कहा कि वे अपने नायक का बेसब्री से इंतजार कर रहे हैं। हजारे के नजदीकी सहयोगी दत्ता अवारी ने कहा—'हम उनकी गांव वापसी का बेसब्री से इंतजार कर रहे हैं। वे हमारे नायक हैं। हम उनका एक नायक के रूप में ही यहां स्वागत करना चाहते हैं।'

मुंबई में जश्न

भारी वर्षा के बावजूद बड़ी संख्या में लोग मुंबई के आजाद मैदान में एकत्रित हुए। उनमें से कई ने गांधी टोपी पहनी हुई थी, जिस पर लिखा हुआ था –'मैं भी अन्ना'।

जनता की शक्ति की जीत

जम्मू-कश्मीर के मुख्यमंत्री उमर अब्दुल्ला ने कहा—'अन्ना हजारे के अनशन की समाप्ति जनता की शक्ति की जीत है और इसने संसदीय लोकतंत्र के लचीलेपन को प्रदर्शित किया है।'

आम आदमी की जीत

भ्रष्टाचार के विरुद्ध जन-लोकपाल के गठन की मांग को लेकर आंदोलन करने वाले अन्ना हजारे का अनशन समाप्त होने का स्वागत करते हुए भाजपा ने इसे आम आदमी की जीत करार दिया और खुशी भी जताई कि पूरा देश इस जश्न को दीपावली की तरह मना रहा है।

भाजपा प्रवक्ता प्रकाश जावेडकर ने अन्ना का अनशन खत्म होने का स्वागत करते हुए 28 अगस्त को कहा था—'हमने रामलीला मैदान में जो जश्न देखा, वह आम आदमी की अभिव्यक्ति थी।'

उन्होंने यह भी विश्वास प्रकट किया—'पिछले कुछ दिनों में जो हुआ, वह देश की तेज गति से तरक्की के लिए एक नए युग की शुरुआत है।

पूरा देश प्रसन्न

श्री जावेडकर ने कहा कि जिस तरह संसद ने अन्ना की तीनों मांगों के बारे संकल्प पारित किए, उससे पूरा देश प्रसन्न है। इसीलिए तो पूरा तिरंगा फहराकर, मिठाइयां बांटकर और आतिशबाजियां चलाकर खुशियां मना रहा है।

कांग्रेस ने भी मनाया जश्न

गांधीवादी अन्ना हजारे का अनशन समाप्त होने पर केंद्र में सत्तारूढ़ कांग्रेस ने कहा कि यह भारतीय लोकतंत्र की जीत है और केन्द्र की संप्रग सरकार में लोकपाल विधेयक को पारित कराने को लेकर कोई मतभेद नहीं था। कांग्रेस प्रवक्ता अभिषेक मनु सिंघवी ने अन्ना के अनशन तोड़ने पर प्रतिक्रिया व्यक्त करते हुए कहा कि यह भारतीय लोकतंत्र की जीत है। हम भी इस जीत को उतने ही जोश से मना रहे हैं, जितने जोश से कोई भी भारतीय नागरिक मना रहा होगा।

सिंघवी ने कहा–'इन तथ्यों की प्रशंसा करनी चाहिए कि संसद के दोनों सदनों में लोकपाल के मुद्दे पर रचनात्मक रवैया अपनाया गया और अब इस बारे में लाए गए विधेयक पर विचार करते समय स्थायी समिति संसद में पारित संकल्पों और चर्चा के दौरान दिए गए सुझावों पर विचार करेगी।'

'पूरा भारत खुश है। हमारी पार्टी का हर सदस्य खुश है। यह जश्न हमारा है। हमारे लिए है। हमें मनाना ही था, मनाया भी।' एक कांग्रेस नेता ने कहा।

देश के हर कोने में जश्न

यहां किसी प्रदेश, नगर या समुदाय का जिक्र करना ठीक नहीं होगा। हर कोने से ऐसी ही खबरें आईं कि लोगों ने इस दिन को पूरे हर्षोल्लास के साथ मनाया। गले मिले। मिठाइयां बांटीं। बधाइयां दी। तिरंगा फहराया। आतिशबाजियां चलाईं। यज्ञ-हवन किए। प्रभु का धन्यवाद करने मंदिरों में गए। ईद, दीवाली, गुरुपर्व, होली, पता नहीं क्या-क्या मनाया सबने।

34

चमत्कार की उम्मीद कम

यह सच है कि गांधीवादी अन्ना हजारे के व्यक्तित्व, सादगी, सत्यता, लोगों से प्रेम, देश के प्रति निष्ठा, ईश्वर में अगाध विश्वास, ईमानदारी, ऊर्जा हृदय में उत्साह, काम करते रहने की ललक, कभी न रुकने का जज्बा...आदि गुणों ने उन्हें इतना ज्यादा लोकप्रिय तथा आंदोलन में समर्थन दिला दिया कि केन्द्र सरकार झुक गई और अत्यंत अहिंसात्मक चल रहे जन-आंदोलन की शर्तें मानकर अन्ना जी से अनशन खुलवाया।

अन्ना तो इसे देशवासियों की जीत मानते हैं, जो उन्होंने रामलीला मैदान के मंच से स्पष्ट भी कर दिया था। उन्होंने इस जीत को पूरी जीत न मानते हुए आधी जीत ही कहा। उनका कहना था कि उन्होंने 16 अगस्त, 2011 से अनशन पर बैठकर देश की दूसरी आजादी की लड़ाई को जारी रखा है। उन्होंने लोकसभा का भी धन्यवाद किया।

क्या कहा था जास्टिस हेगड़े ने

अन्ना जी के जन-लोकपाल विधेयक के लिए सहयोग दे रहे जस्टिस हेगड़े अनशन के दिनों में आंदोलन से दूर रहकर शुभ कामनाएं देते रहे। वे कोर कमेटी में नहीं आए। कुछ दूरियां बनाए रखीं। उन्होंने आंदोलन की समाप्ति पर बैंगलुरू से जो कहा, उस सबका विवरण यह है–

अन्ना हजारे के पक्ष के सहयोगी एन. संतोष हेगड़े ने जन-लोकपाल विधेयक की प्रमुख मांगों पर सहमति जताने के लिए संसद का आभार व्यक्त किया।

इसी के साथ जस्टिस हेगड़े ने आगाह किया कि जनता को इसे चमत्कार नहीं समझना चाहिए, क्योंकि विधेयक बनने में समय लगता है। इस केस में भी समय लगेगा।

हेगड़े इस मुद्दे पर संसद पर अधिक दबाव बनाने के भी खिलाफ दिखे। लोकपाल की संयुक्त मसौदा समिति के सदस्य रहे सुप्रीम कोर्ट के पूर्व न्यायाधीश हेगड़े ने कहा—'मुझे विश्वास है कि वे संसद में जल्दी प्रभाव में इसे लाने की जरूरत समझेंगे, जिनसे उनकी भी गरिमा बढ़ेगी।'

जस्टिड हेगड़े का कहना था—'हमने मजबूत लोकपाल विधेयक के रास्ते में पहला मील का पत्थर हासिल कर लिया है। अभी इसे आने में समय लग सकता है। उनका स्पष्ट कहना था—'आप इसकी उम्मीद आज, कल या अगले महीने पूरा हो जाए, ऐसा कह सकते हैं।'

कर्नाटक के पूर्व लोकायुक्त हेगड़े ने यह भी कहा—'जनता किसी चमत्कार की अपेक्षा नहीं करें।'

जनता की भी भागीदारी

जस्टिस हेगड़े ने कहा—'मैं संसद का आभार जताता हूं। इस जीत में संसद के साथ जनता की भी भीगदारी है।'

उन्होंने इसी के साथ जोड़ा—' सरकार की भावनाओं का सम्मान करते हुए प्रभावशाली भ्रष्टाचार विरोधी कानून की राह में आने वाली अड़चनों को दूर करना चाहिए।'

अगले लक्ष्य के बारे में जानकारी देते हुए हेगड़े ने बताया—'अब चुनाव और पुलिस सुधारों पर ध्यान देने की जरूरत है। इसके अलावा जस्टिस हेगड़े उन कुछ रिपोर्टों को भी लागू कराना चाहते हैं, जिनमें काले धन के साथ ही अवैध खनन का जिक्र किया गया है।'

कुछ लोग कहते हैं कि किन्हीं कारणों से जस्टिस हेगड़े ने दूरी बना ली थी।

बिल के लिए सत्र बुलाने की उठी मांग

टीम अन्ना की उम्मीद अभी भी पूर्ववत बनी हुई है। उन्हें लगता है कि इस बार सरकार उनकी पीठ थपथपाने वाला कोई कदम नहीं उठाएगी तथा हालात बिगड़ने नहीं देगी।

टीम अन्ना ने 28 अगस्त को अनशन टूटने के दिन ही उम्मीद जताई थी कि सरकार लोकपाल विधेयक पारित कराने के लिए एक महीने के भीतर संसद का विशेष सत्र बुलाएगी।

अन्ना हजारे पक्ष के सदस्य और वरिष्ठ अधिवक्ता प्रशांत भूषण ने कहा कि सरकार ने उन्हें बताया है कि वह विधेयक में हजारे के उठाए तीनों मुद्दों को जरूर शामिल करेगी तथा इसी आशय का प्रस्ताव स्थायी समिति के पास भेज दिया जाएगा।

शांति भूषण और उनके पुत्र एडवोकेट प्रशांत भूषण ने कहा कि सरकार एक महीने के भीतर सत्र बुलाएगी, ताकि लोकपाल विधेयक पारित हो सके। तब तक स्थायी समिति भी अपना काम पूरा कर लेगी, ऐसी भी उम्मीद जताई।

सरकार के लोकपाल विधेयक के बारे में पूछे जाने पर प्रशांत भूषण ने कहा–'इसे वापस लेने की मांग हम नहीं कर रहे हैं। ऐसी मांग अब करना व्यर्थ होगा। संसद हजारे के तीनों मुद्दों पर सैद्धांतिक सहमति जता ही चुकी है। यह काफी है।'

मतभेद नहीं

मेधा पाटेकर ने इन बातों को खारिज कर दिया कि हजारे पक्ष में कुछ मुद्दों पर मतभेद हैं। इस समाजसेविका ने जोर देकर कहा–'हमारे बीच कोई मतभेद नहीं है। आप अफवाहों पर मत जाएं।'

सिंघवी का मत

संसद की संयुक्त समिति के चेयरमैन सिंघवी का कहना है कि यह काम समय लेगा। इतना जल्दी संभव नहीं, जितना वे चाहते हैं।

केन्द्रीय कानून मंत्री ने भी अपने विचार कुछ इसी तरह प्रकट कर चिंता बढ़ा दी है।

35

अब सरकार किस करवट बैठेगी

27 अगस्त को अनशन खोलने की घोषणा तथा 28 अगस्त को इसे खोलकर चेकअप हेतु अन्ना जी का नरेश त्रेहन के गुड़गांव स्थित हॉस्पिटल को प्रस्थान हुआ।

प्रधानमंत्री की राष्ट्रपति से मुलाकात

जन-लोकपाल के लिए दोनों सदनों द्वारा प्रस्ताव पास कर, इसे लोकसभा की स्थायी समिति को भेजने के निर्णय की लिखित जानकारी वरिष्ठ मंत्री विलासराव देशमुख ने अन्ना जी तक पहुंचा दी। यह पत्र भारत के प्रधानमंत्री डॉ. मनमोहन सिंह की ओर से था। ऐसा भी टीम अन्ना की जिद को पूरा करने के लिए किया गया, अन्यथा लोकसभा तथा राज्यसभा की कार्यवाही से बात तो पहले ही स्पष्ट हो चुकी थी।

खैर, डॉ. मनमोहन सिंह ने राष्ट्रपति श्रीमती प्रतिभा पाटिल से मुलाकात कर उन्हें लोकपाल विधेयक पर संसद में हुई बहस और आम सहमति से पारित प्रस्ताव के बारे में जानकारी दी।

आधे घन्टे की इस बैठक में डॉ. मनमोहन सिंह ने अन्ना के आंदोलन से उपजी स्थितियों और लोकपाल विधेयक पर संसद में दिन-भर चली बहस के बारे में अवगत कराया।

राष्ट्रपति भवन के प्रवक्ता ने बताया कि प्रधानमंत्री और राष्ट्रपति की मुलाकात में संसद के जारी सत्र और 27 अगस्त, 2011 को लोकपाल विधेयक से सबंधित मामलों पर बातचीत हुई।

संसद के दोनों सदनों में हुई बहस के बाद शाम को आम सहमति से प्रस्ताव पारित किया गया, जिसे बाद में संसद की स्थायी समिति को भेज दिया गया।

इसी प्रस्ताव के साथ प्रधानमंत्री की चिट्ठी लेकर केन्द्रीय विज्ञान व प्रौद्योगिकी मंत्री विलासराव देशमुख रामलीला मैदान में पिछले 12 दिनों से अनशन पर बैठे अन्ना हजारे को देने गए। इसके बाद ही अन्ना ने अपना अनशन तोड़ने की घोषणा की।

अब भारत सरकार, जो यूपीए की सरकार है, की जिम्मेदारी बहुत बढ़ गई है। अन्ना हजारे के जन-आंदोलन के सामने सरकार को घुटने टेकने पड़े। निष्पक्ष लोग इस सच को मानते हैं। अब सरकार नहीं चाहेगी कि वह या उसके द्वारा गठित संसद की स्थायी समिति कोई भी किंतु-परन्तु कर नई मुसीबत मोल ले। उन्हें ऐसा रास्ता अपनाना होगा जिससे अन्ना के जन-आंदोलन की सभी बातें, विषेषकर तीन बिंदु माने जाएं। भाजपा अब पूरी तरह से अन्ना के साथ खड़ी है। इसलिए भी यूपीए की सरकार को बडी समझदारी से काम लेकर अन्ना के जन-लोकपाल को शीघ्रातिशीघ्र स्वीकार करना ही होगा।

वे नहीं मानते कि सरकार हारी

जन-लोकपाल के आंदोलन में सरकार की जो किरकिरी हुई, यह किसी से छिपी नहीं। अनशन को समाप्त कराने में जो भूमिका सलमान खुर्शीद ने निभाई, वह अहम थी। वे भी पहले दाएं-बाएं करते रहे, मगर बाद में उसी रास्ते पर चले जिस पर टीम अन्ना ने चलाया।

खैर, जन-लोकपाल आंदोलन की जीत के जश्न के बीच ही सरकार ने यह भी साफ कर दिया कि जनता भले ही जीत गई हो, लेकिन सरकार भी हारी नहीं है।

केन्द्रीय कानून मंत्री सलमान खुर्शीद ने कहा कि अन्ना हजारे की कई मांगों को नहीं माना गया है।

उन्होंने यह भी कह दिया कि लोकपाल बिल पास करने की कोई समय सीमा नहीं दी जा सकती। खुर्शीद ने कहा कि अन्ना चाहते थे कि सरकार अपना बिल वापस ले ले, साथ ही वे जन-लोकपाल बिल को 30 अगस्त तक पास करने की मांग भी कर रहे थे, उन्होंने स्पष्ट किया कि अन्ना की ये दोनों बातें सरकार ने नहीं मानीं।

यहां यह कहना जरूरी है कि सरकार में बैठे कुछ लोग अब भी नहीं चाहते कि अन्ना की बात मानी जाए। यदि सरकार ने ऐसी कोई भी कोशिश की तो इसे

अन्ना विश्वासघात मानेंगे तथा राख में दबी चिंगारी को प्रज्वलित कर देंगे। अत: सावधानी जरूरी है।

विधेयक की आगे की राह आसान नहीं

जन-लोकपाल पर अड़े अन्ना हजारे ने सरकार और संसद को विवश कर अपना प्रस्ताव तो मनवा लिया, लेकिन आगे की राह आसान नहीं।

जन-लोकपाल पर संसद की भावना स्थायी समिति को भेज दी गई है, लेकिन यह भी तय है कि कांग्रेस के महासचिव राहुल गांधी की ओर से खींची गई लाइन से उबरना वहां आसान नहीं होगा।

दोनों सदनों में चर्चा के दौरान ही विभिन्न दलों में लोकपाल विधेयक के जरिए लोकायुक्त के गठन पर आपत्ति जताई थी। कुछ लोगों ने इसे संघीय ढांचे के खिलाफ बताया था। कुछ ने निचले स्तर पर कार्यरत कर्मचारियों को भी लोकपाल में शामिल किए जाने के प्रस्ताव पर आशंका जताई, इसीलिए तो कहते हैं कि सरकार की मुश्किलें कम होती नजर नहीं आतीं। यदि अन्ना जी की बातें नहीं मानी गईं तो सरकार को ही सबसे अधिक परेशानी होगी। इसलिए सरकार को आगे आकर हालात ऐसे पैदा करने चाहिए कि बात पुन: न बिगड़े।

अरविंद केजरीवाल

उन्होंने कहा–'पहली बार लोग कानून बनाने के लिए सड़कों पर उतरे, लोकपाल तक सीमित नहीं रहेगा आंदोलन।'

आंदोलन राजनीतिक, लेकिन हमारी कोई राजनीतिक महत्वाकांक्षा नहीं।

हो सकता है फिर से अनशन आंदोलन

अन्ना हजारे ने संकेत दिया कि वे भ्रष्टाचार समेत अन्य अनेक समस्याओं का समाधान करने के लिए फिर से अनशन-आंदोलन कर सकते हैं।

क्रांति का सुखद अंत

डॉ. राजन मल्होत्रा ने कहा–'आखिर रविवार को (28 अगस्त) अन्ना की क्रांति का सुखद अंत हो गया। भ्रष्टाचार रूपी कैंसर की दवाई का आधा सैंपल लोकसभा में पास हो गया। तीनों मांगें मान ली गई हैं, यदि बाकी न मानीं तो रामलीला मैदान में फिर से शंखनाद होगा। हमें आशा है कि इस तरह की नौबत नहीं आएगी। सरकार अपने वादे पर कायम रहेगी।'

भ्रष्टाचार के खिलाफ जारी रहेगी अन्ना की जंग

कुछ भी कहना कठिन

तीन-चार दिनों में किरण बेदी पर संसद के विशेषाधिकार हनन का नोटिस था। 2 तारीख (सितम्बर) से प्रशांत भूषण को ऐसा ही नोटिस मिला। 3 सितम्बर की शाम होते-होते अन्ना की कोर कमेटी के मुख्य सदस्य अरविंद केजरीवाल को भी विशेषाधिकार हनन का नोटिस ठहरा दिया गया। अभी तक स्वयं अन्ना बचे हैं। अब कह नहीं सकते कि लोकपाल अध्यादेश आता भी है या नहीं। आएगा तो कैसा होगा!

पिता ने सुझाया – 'लोकपाल'
पुत्र बना है – 'कर्णधार'

यह जानकारी भी कुछ कम आश्चर्यजनक नहीं। इसे बताया अरुण जेटली ने, जो कि सुप्रीम कोर्ट के जाने-माने वकील तो हैं ही, भाजपा के क्रीम-नेताओं में गिने जाते हैं। इस समय अरुण जेटली राज्यसभा में विपक्ष का पक्ष रखने वाले एक तेज-तर्रार नेता माने जाते हैं। अन्य चोटी के वकीलों की तरह इस नेता का अपनी बात कहने का खास अंदाज है। उनके अनुसार–

यह एल.एम. सिंघवी हैं (पिता) जिन्होंने लोकसभा के युवा आजाद सदस्य के रूप में 3 अप्रैल, 1963 को बहस में शामिल होते हुए पहली बार लोकपाल शब्द का सुझाव दिया था। यह रोचक जानकारी देते हुए जेटली ने कहा–'एल.एम. सिंघवी के पुत्र डॉ. अभिषेक मनु सिंघवी संसदीय स्थायी समिति के सदस्य हैं, जिनके पास सरकार का लोकपाल विधेयक पहले ही विचारार्थ पहुंचा हुआ है।'

अरुण जेटली ने चेहरे पर आशा की किरण बिखेरते हुए यह भी कह दिया–'आज सिंघवी अपने पिता की विरासत को ध्यान में रखकर अवश्य एक मजबूत लोकपाल विधेयक पेश करेंगे। जन-लोकपाल विधेयक को भी वे इसमें प्रमुखता से शामिल करेंगे।'

36

संसद में विश्वास, सांसदों पर संदेह

यह शीर्षक पढ़कर आपको भी कुछ अजीब-सा लगा ही होगा। जहां सांसद बैठते हैं, काम करते हैं, वही तो संसद होती है। अन्ना हजारे ने कई बार संसद में पूरा-पूरा विश्वास जताया और साथ ही बहुत-से सांसदों पर प्रश्नचिह्न लगा दिए। उनकी नजर में लगभग आधे सांसद उतने ठीक नहीं, जितना उन्हें होना चाहिए।

रालेगण सिद्धि में अन्ना हजारे ने 2 सितम्बर को अपने गांव तथा आस-पास से पहुंची भारी भीड़ से कहा था–'आजादी की दूसरी लड़ाई की मशाल जल चुकी है। यह मशाल जलती रहनी चाहिए।'

उन्होंने अपने भव्य स्वागत के आयोजित कार्यक्रम में कई दिनों बाद संबोधन करते हुए अपने मन की कुछ खास बातें कहीं, जिन पर वे पहले भी जोर देते रहे थे। उन्होंने शुक्रवार 2 सितम्बर को कहा कि आजादी के बाद भी देश में सामाजिक और आर्थिक विषमता मौजूद है, जिसे दूर करने की जरूरत है।

इस मौके पर अन्ना ने कहा कि संसद में बैठे आधे लोग धोखा देने वाले हैं। सांसद ही धोखा देंगे तो देश कैसे चलेगा, लेकिन मुझे संसद पर विश्वास है। गुड़गांव के एक अस्पताल से बुधवार 31 अगस्त, 2011 की शाम छुट्टी मिली थी। यह भी कहा जाता है कि डॉक्टर उन्हें अभी छुट्टी देने के पक्ष में नहीं थे। अपने गांव जाकर गणेश उत्सव, गणेश पूजा हेतु स्वयं अन्ना ने जाने की बात कही। डॉ. नरेश त्रेहन आदि भी उन्हें रोक नहीं पाए।

हॉस्पिटल से छुट्टी मिलने पर वे साढ़े ग्यारह बजे हवाई जहाज से पुणे पहुंचे। उन्होंने लगभग 1700 कि.मी. की यात्रा पूरी की थी। यहां से 85 कि.मी. उन्हें सड़क मार्ग से जाना था। इस प्रकार साढ़े बारह के आस-पास अन्ना अपने गांव पहुंचे। आधी रात हो जाने पर भी लोग उनकी प्रतीक्षा में खड़े थे। पलकें बिछाए उनका इंतजार करते रहे। उनका स्वागत कर उन्हें मंदिर के उस कमरे

में पहुंचाया गया, जहां उन्हें रहना था। बीमारी, यात्रा की थकान, आधी रात का समय...यह सब उनके चेहरे पर दिखाई दे रहा था। उन्होंने अत्यंत जरूरी कुछ शब्द बोले होंगे, विश्राम करने की इच्छा जताई और सो गए।

उन्होंने हजारों की तादाद में उपस्थित लोगों से कुछ शब्द कहे, उनमें से यह भी था–अन्याय के खिलाफ हम सभी को मिलकर लड़ना होगा। भ्रष्टाचार से मुक्ति के लिए लड़ाई आसान नहीं है।

उन्होंने 2 सितम्बर के संबोधन में स्पष्ट किया–संविधान में बाबा साहेब अम्बेडकर ने जो सपना देखा, वह पूरा नहीं हुआ। अमीर और गरीब के बीच अंतर खत्म होना चाहिए। समाज में किसी के पास कुछ भी नहीं है और किसी को सब कुछ मिल गया है।

अन्ना हजारे ने कहा कि जन-लोकपाल विधेयक पर सरकार ने हमेशा धोखा दिया है। उन्होंने कहा कि सरकार में बैठे कुछ लोग नहीं चाहते थे कि वे अनशन करें। इसे रोकने के लिए उन्हें गिरफ्तार किया गया और फिर छोड़ दिया गया।

अन्ना हजारे ने कहा कि मैंने पुलिस अधिकारियों से पूछा कि जब छोड़ना था तो मुझे गिरफ्तार क्यों किया। पुलिस ने कहा कि ऊपर से आदेश हैं।

भ्रष्टाचार के खिलाफ अपने आंदोलन को देश-भर से मिले समर्थन के बारे में गांधीवादी अन्ना ने कहा कि इस आंदोलन में सबसे अहम बात जो मुझे लगी, वह यह कि इस आंदोलन ने पूरे देशवासियों को एकजुट किया। देश-भर में लोग जाति-पाति, अमीरी-गरीबी से ऊपर उठकर एकजुट हुए।

शिक्षा के व्यवसायीकरण पर अन्ना हजारे ने कहा कि शिक्षा का व्यावसायीकरण हो गया है, जिसकी वजह से देश का सही विकास नहीं हो पा रहा है। स्कूलों में बच्चे को दाखिला दिलाने के लिए रिश्वत देनी पड़ती है।

अन्ना हजारे ने कहा कि सत्ता कुछ चुनिंदा हाथों में है। लोकतंत्र और जनतंत्र का मतलब है, जो जनता चाहे, लेकिन यह तो नौकरशाही है। इसे हमें जनतंत्र बनाना होगा। सत्ता का विकेन्द्रीकरण करना होगा।

अन्ना हजारे ने कहा–'मंत्रालयों के अधिकार ग्रामसभाओं की ओर ले जाने होंगे। सरपंच यदि बिना पूछे काम करता है तो ग्रामसभा को उसे बरखास्त करने का अधिकार देना होगा।' उन्होंने कहा कि हमारे देश में किसानों के खून पसीने की कोई कीमत नहीं है। हमें इस दिशा में काम करने की जरूरत है।

सरकार में धूर्तों की भीड़–अन्ना

अपने गांव रालेगण सिद्धि में, जो पुणे से 85 कि.मी. की दूरी पर है तथा महाराष्ट्र की वीर भूमि पर बसा है, अन्ना ने सितम्बर में हुए स्वागत समारोह में चुप्पी तोड़ी।

अस्पातल में उन्हें डॉक्टरों की सलाह थी कि वे कम-से-कम बोलें। केवल उतना ही बोलें, जितना अत्यंत आवश्यक हो। संकेतों द्वारा काम चलाएं। यदि ऐसा करते हैं तो उनकी क्षीण शक्ति धीरे-धीरे बढ़ती रहेगी। उनकी क्षमता में वृद्धि होने से वे भविष्य के सभी काम सरलता से कर लेंगे। बारह-तेरह दिन के अनशन ने उनको काफी कमजोर कर दिया था। 288 घंटों तक 74 वर्षीय अन्ना को केवल पानी पर रहना, उनके आत्मबल को दर्शाता है।

भ्रष्टाचार के खिलाफ अनशन के बाद अपने गांव पहुंचे अन्ना ने 2 सितम्बर, 2011 को सरकार पर भड़ास निकाली। वे केन्द्र सरकार पर जमकर बरसे।

अनशन से पहले अपनी गिरफ्तारी के लिए भी उन्होंने सरकार को आड़े हाथों लिया। साथ ही लोगों से अपील की कि वे 'दूसरी आजादी की लड़ाई' की मशाल को बुझने नहीं दें। अन्ना ने कहा कि इस सरकार में धूर्त लोगों की एक भीड़ है।

सरकार पर जमकर हमला बोल रहे अन्ना हजारे ने कहा–'उन्होंने मुझे अनशन की अनुमति नहीं दी और दिल्ली के सभी मैदानों पर निषेधाज्ञा लागू कर दी। जेपी पार्क के लिए अनुमति देने में भी शर्तें थोप दी गईं।'

गांव में आयोजित ग्रामसभा में अन्ना ने कहा कि दिल्ली पुलिस ने मुझे घर से हिरासत में ले लिया। आरोप था कि मुझसे शांति भंग होने का खतरा है।

गोरे गए, काले आ गए

अन्ना ने स्वागत-कार्यक्रम में भाग लेने के साथ कहा–'पी. चिदंबरम अपनी चालबाजियों से भी बाज नहीं आ रहे हैं।'

उन्होंने अपने सहयोगी अरविंद केजरीवाल को पूरी तरह निर्दोष बताया।

उन्होंने कहा कि सरकार अरविंद केजरीवाल को परेशान कर रही है।

उन्होंने कटाक्ष करते हुए कहा–'गोरे अंग्रेज चले गए, पर काले आ गए।'

अन्ना जी का कहना था–'अरविंद केजरीवाल देशसेवा में जुटे हैं और कुछ लोगों को यह रास नहीं आ रहा है।'

हुकूमतों को आवाम की ताकत समझ आई

झांसी की श्रीमती सोनिका गुप्ता भी एक जागरूक महिला हैं। उन्होंने कहा कि आखिरकार जब पानी सिर से ऊपर चढ़ गया, तब सरकार होश में आई और उसने अन्ना की शर्तों पर विचार करने का संकेत दिया। हकीकत को भांपने में उसने बारह दिन लगा दिए, इतने दिनों से वह राजनीतिक पैतरों में लगी थी।

इस आंदोलन का सबसे महत्त्वपूर्ण पल यही रहा कि जनता एकजुट हुई और हुकूमत को आवाम की ताकत समझ आई।

37

यह मशाल जलती रहे

अब तक खुद के सर्वोच्च होने का दावा करने वाली संसद को भी जनता के सामने झुकाने के साथ ही अन्ना ने अपना आगे का एजेंडा भी देश के सामने रखते हुए कह दिया–'यह मशाल जलती रहे।'

उन्होंने बीस मिनट के लम्बे वक्तव्य में बड़ी-बड़ी बातें, छोटे-छोटे वाक्यों में कह दीं, जिन्हें देश ने बड़े ध्यानपूर्वक सुना। उनकी बातों से झूठे राष्ट्रवाद की नहीं, बल्कि सच्ची देशभक्ति की सुगंध आ रही थी।

289 घंटों तक मात्र जलसेवन करके उत्साही बने रहे 74 वर्षीय अन्ना हजारे ने अपनी उज्ज्वल छवि तथा निष्काम सेवा के कारण पूरे भारत को अपने पीछे लगा दिया। अब तक एक दर्जन से भी अधिक बार (संभवत: 16 बार) अनशन कर चुके अन्ना हजारे ने अहिंसा के बल पर इस आंदोलन को सफल किया। मशाल जलती रहे, उन्होंने ऐसा भी आह्वान किया।

अन्ना हजारे का संबोधन

अनशन की समाप्ति पर अन्ना हजारे द्वारा दिए गए वक्तव्य को ध्यान में रखकर दैनिक जागरण ने जो संदेश तैयार किया, उसी को साभार यहां प्रस्तुत कर रहे हैं–'मेरे प्यारे देशवासियो! जन-लोकपाल पर हुई जीत लड़ाई की शुरुआत है। अगर इस पर संसद पीछे हटी तो जनता को फिर से खड़ा होना होगा, क्योंकि संसद से बड़ी जनता की संसद है। जन-लोकपाल के मामले में जन-संसद के आदेश पर दिल्ली की संसद ने फैसला किया है। इस आंदोलन ने भरोसा दिलाया है कि हम भ्रष्टाचार मुक्त भारत का निर्माण कर पाएंगे और बाबा साहेब अंबेडकर के संविधान पर अमल कर सकेंगे।

जन-लोकपाल पर तीन मुद्दों का समाधान निकला। शेष मुद्दों पर जीत मिलने तक हमें आवाज बुलंद रखनी होगी।

यह लड़ाई परिवर्तन की है। यह लड़ाई की शुरुआत-भर है। जब तक पूरा परिवर्तन नहीं आ जाता, तब तक हमें यह मशाल जलाए रखनी होगी। अगली लड़ाई चुनाव सुधार के लिए होगी। यह 'राइट टू रिकॉल' यानी 'उम्मीदवारों को वापस बुलाने के अधिकार की होगी। हमें लड़ाई के लिए तैयार रहना होगा। संभव है, फिर जन-संसद लगानी पड़े तो इसके लिए भी तैयार रहें।

यह गौरव की बात है कि देश में इतना बड़ा आंदोलन हुआ, जो पूरी तरह अहिंसक रहा। यह दुनिया के लिए एक मिसाल है।

आप लोगों ने टोपी पहन रखी है, जिस पर लिखा है-'मैं अन्ना हूं।'

अन्ना बनने के लिए कथनी-करनी को एक करना होगा। आपको शुद्ध आचरण, शुद्ध विचार, निष्कलंक जीवन, त्याग करना और अपमान सहना सीखने की जरूरत है।

हमें देश में परिवर्तन संविधान के मुताबिक करना है। अमीर-गरीब के अंतर को खत्म करना है।

सत्ता मंत्रालयों में सिमट गई है। हमें इसका विकेन्द्रीकरण करना है। ग्राम सभाओं को मजबूत करना होगा। परियोजनाओं पर पैसा खर्च करने की ग्राम सभा को ताकत मिले। ग्रामसभा पंचायत को हटा सके, ऐसा परिवर्तन करना होगा। इस पर सोचना है।

मैं सभी लोगों, खासकर युवाओं, जन-लोकपाल तैयार करने वाले सिविल सोसायटी के सदस्यों, आंदोलन का साथ देने वाले सभी लोगों, स्वयंसेवियों, मीडिया और डॉक्टरों की टीम का आभार व्यक्त करता हूं।

आपका

अन्ना हजारे।'

अन्ना हजारे ने यहां तक कह दिया था कि यदि सरकार ने अब भी किसी प्रकर की गड़बड़ की, जन-जन की भावनाओं की कद्र न की, हमें दिया आश्वासन पूरा न किया तो उन्हें बड़ी मुश्किल होगी। मैं पुनः अनशन पर बैठ जाऊंगा। यह कदम आप लोगों के बल पर उठाऊंगा।

वो तो अन्ना जी की बानी है

सुभद्रा कुमारी चौहान की प्रसिद्ध कविता 'झांसी की रानी' से प्रेरित होकर एक कवि ने पंक्तियां लिखीं, वे भी देखिए-

146 *भ्रष्टाचार के खिलाफ जारी रहेगी अन्ना की जंग*

"सिंहासन हिल उठे, राजसत्ता ने भृकुटी तानी है,
बूढ़े भारत में फिर से आई नई जवानी है।
नई उमर की अन्ना सेना, टोपी मगर पुरानी है,
खूब हुई मनमानी, अब तो लिखनी नई कहानी है।।

कई दशक से बंधी हुई थी रिश्वत की जंजीरों से,
जनता को अब मुक्ति चाहिए सभी पुरानी पीरों से।
जनता रोए, सत्ता सोए, कब से यही कहानी है,
रोकेगी मनमानी, वो तो अन्ना जी की बानी है।"

हिमाचल भी हुआ दीवाना अन्ना का

पालमपुर में समाजसेवी राजीव जंबवाल ने 16 तारीख से अनशन शुरू किया और अंत तक डटे रहे। यह अलग बात है कि प्रशासन तथा पुलिस ने हस्तक्षेप कर कुछ किंतु-परंतु करवा डाली।

- मण्डी से देशराज, चम्बा से विनायक ने अनशन किये।
- राजन सुशांत के पुत्र धैर्य सुशांत तथा दीपका माटा ने भी अनशन कर सहयोग दिया।
- सोलन जिला के लक्ष्मीचंद ने भी पूरे 12 दिन अनशन रखकर भ्रष्टाचार के विरुद्ध आवाज उठाई।
- डॉ. मामराज पुंडीर, बिरेंद्र पांटा तथा रोहतांश सबने शिमला में अनशन किया था।
- बी.सी.एम में अनशन करने वाले थे–तनुज, राहुल, सचिन, वीरेन्द्र वशिष्ट, हरेन्द्र चौहान तथा अनिल भारद्वाज ने भी अन्ना जी का साथ दिया।
- मंडी, चम्बा, पालमपुर, सुन्दर नगर, धर्मशाला, बैजनाथ, सोलन, शिमला तथा बहुत-से अन्य नगरों में भी स्कूलों, कॉलेजों, विश्वविद्यालयों के छात्रों, अध्यापकों ने कई बार रैलियां निकालीं। नगरवासियों ने तथा अनेक संस्थाओं ने भी रैलियां निकालीं।

अन्ना को जेड श्रेणी की सुरक्षा

अन्ना हजारे ने पहले तो जेड श्रेणी सुरक्षा लेने से ही मना कर दिया था, फिर सरकार के आए आदेशों पर कह दिया कि यदि जरूरी है तो बिना वर्दी के जवान तैनात हों।

भ्रष्टाचार के खिलाफ जारी रहेगी अन्ना की जंग

अनशन के बाद अपने गांव रालेगण सिद्धि लौट चुके अन्ना हजारे को स्थानीय पुलिस ने जेड श्रेणी की सुरक्षा देने का फैसला किया है। अब 22 पुलिसकर्मी हमेशा उनकी सुरक्षा में तैनात रहेंगे।

अन्ना हजारे ने इससे इंकार किया था, लेकिन पुलिस का कहना है कि उनकी सुरक्षा हमारी जिम्मेदारी है और इसमें कोताही नहीं बरती जा सकती।

अहमद नगर के एसपी कृष्ण प्रकाश ने अन्ना को जेड श्रेणी की सुरक्षा देने की पुष्टि करते हुए कहा कि जन-लोकपाल, कानून के लिए सफलतापूर्वक आंदोलन चलाने के बाद अन्ना हजारे पूरे देश में मशहूर हो गए हैं, इसलिए उनकी सुरक्षा जरूरी है।

पुलिसकर्मी सादी वर्दी में ही उनकी सुरक्षा में तैनान रहेंगे। इससे पहले अन्ना हजारे ने सुरक्षा लेने से इंकार कर दिया था।

अन्ना के हनुमान कौन

अरविंद केजरीवाल ने स्वयं माना है कि वे अन्ना हजारे के हनुमान है। ऐसा कहते हुए उनके चेहरे पर खुशी तथा गर्व दोनों झलक रहे थे। उन्होंने कहा कि मेरे लिए अन्ना जी राम ही हैं और मैं उनके लिए हनुमान हूं। राम का भक्त हनुमान।

38

लोकपाल पर छाई संदेह की छाया

जन-लोकपाल विधेयक के आ जाने की बड़ी-बड़ी उम्मीदें हमें 27 अगस्त (2011) को लग गई थीं। पिछले तीन दिनों में लोकसभा ने अन्ना जी को अनशन खोल देने की अपील की। एकजुट हुई अपील के पीछे पूरे देश की अपील थी। प्रधानमंत्री डॉ. मनमोहन सिंह के द्वारा अनशन खोलने का पत्र आया। अपील आई, फिर भी अन्ना जी नहीं माने।

जब श्री श्री रविशंकर, बाबा रामदेव, भैय्यू जी तथा कुछ अन्य हस्तियां बीच-बचाव में जुटीं और लम्बी वार्तालाप के बाद दोनों सदनों ने प्रस्ताव पास कर उनके जन-लोकपाल को स्थायी समिति को भेजने का प्रस्ताव पास कर दिया, तब सौ प्रतिशत उम्मीद बंध गई कि अब लोकपाल विधेयक पास होकर रहेगा। महाराष्ट्र के पूर्व मुख्यमंत्री तथा केन्द्र में वरिष्ठ मंत्री विलासराव देशमुख ने प्रधानमंत्री का पत्र अन्ना जी को 27 अगस्त को पहुंचाकर यह पुष्टि कर दी कि उनकी तीनों मांगें मान ली गई हैं। उन्होंने इस पत्र को अन्ना जी को देने से पूर्व रामलीला मैदान में स्वयं भी पढ़कर सुनाया....और अन्ना मान गए।

28 अगस्त को प्रात: 10 बजकर बीस मिनट पर अन्ना जी ने एक दलित बच्ची तथा दूसरी मुस्लिम बच्ची के हाथों शहद मिला नारियल का पानी सेवन कर अपना अनशन तोड़ दिया। पूरे देश ने इस पर खूब जश्न मनाया। अन्ना जी ने इसे अपनी आधी जीत बताया और कहा कि आधी जीत अभी बाकी है, इसी के साथ वे नरेश त्रेहन के गुड़गांव स्थित अस्पताल में चैकअप, उपचार तथा विश्राम करने के लिए प्रस्थान कर गए।

देश के किसी भी नागरिक को, यहां तक कि सरकारी पक्ष को भी एक प्रतिशत संदेह नहीं रहा था। अध्यादेश अतिशीघ्र पास हो, इसके लिए टीम अन्ना ने दोनों

सदनों को एक महीने के लिए बुलाने की भी मांग रख दी, किंतु स्थायी समिति के अध्यक्ष अभिषेक मनु सिंघवी ने कह दिया—कुछ समय तो जरूर लगेगा, मगर इसमें टीम अन्ना को कुछ चमत्कारी उपलब्धियां हो जाने की संभावना से इंकार नहीं किया जा सकता।

टीवी के विभिन्न चैनलों में, प्रिंट मीडिया ने, कई प्रकार की चर्चाओं में, सब जगह एक ही आवाज थी—अन्ना जी ने पा ली सफलता...पूरी तरह रहा अहिंसावादी आंदोलन...इससे जुड़ी रही सर्वाधिक युवाशक्ति....फिर भी कहीं कोई तोड़-फोड़ नहीं...कहीं कोई मार-पीट नहीं...किसी भी प्रकार की हिंसा नहीं...इतिहास रच दिया अन्ना ने। अब जन-लोकपाल जैसा मजबूत लोकपाल आने में कोई संदेह नहीं....कोई शक नहीं...कोई शंका नहीं।

कुल मिलाकर चार-पांच दिनों के अंदर ही जो हालात बनने लगे, जो खबरें आने लगीं, जो बयान सुनने पड़े, उससे लोकपाल बिल पर प्रश्नचिह्न लगने शुरू हो गए थे।

ओमपुरी अभिनेता पर विशेषाधिकार हनन का मामला न भी गिनें, तो फिर किरण बेदी को ऐसा ही नोटिस....दो दिन बाद सुप्रीम कोर्ट के ख्याति प्राप्त एडवोकेट प्रशांत भूषण को नोटिस...इसी के साथ अरविंद केजरीवाल को आयकर विभाग का नोटिस....फिर केजरीवाल को भी विशेषाधिकार हनन का नोटिस...साथ ही सुप्रीम कोर्ट से टीम अन्ना के विरुद्ध एफआईआर लिखवाने की इजाजत मांगने की खबरें...इतना ही नहीं...अन्ना हजारे भी संसद के खिलाफ सोचकर बोलें—ऐसी चेतावनी की खबरों का हवा में आना...यदि वे अपनी भाषा नहीं सुधारते तो उन पर भी नोटिस देने के बारे में कुछ सांसदों की चेतावनी...जैसी बहुत-सी पुष्ट तथा अपुष्ट अफवाहें जता रही हैं कि लोकपाल विधेयक के आने की उम्मीदें अब संदेहजनक हो सकती हैं।

कुछ लोगों का कहना है कि कुछ गलती अन्ना पक्ष की भी है। जब तक उन्हें लोकपाल बिल विधेयक पास हो जाने की पुष्ट जानकारी प्राप्त नहीं हो जाती, उन्हें अपने आगामी एजेंडे की बड़ी-बड़ी डींगे नहीं मारनी चाहिए थी। चुप रहते। एक चीज पा लेते तो दूसरी की बात करते, किंतु उन्होंने बहुत-सी ऐसी बातों को उद्घाटित कर दिया जिससे संभवत: सरकार के मन में भी भय उत्पन्न हो गया। यह सोचा गया कि यदि सरकारी पक्ष अन्ना को अब नहीं रोकते, अन्ना टीम के पर अब नहीं काटते तो आने वाले समय में इन्हें संभालना कठिन हो जाएगा।

सरकार में बैठे कुछ राजनीतिज्ञों ने कहना शुरू कर दिया—'यदि उनके आगामी एजेंडा की बड़ी-बड़ी मांगें आने लगीं तो इन्हें कैसे पूरा किया जा सकेगा ...अच्छा

होगा जो अभी ही ब्रेक लगाकर कुछ ऐसे कदम उठाए जाएं कि ये लोग उसी चक्रव्यूह में फंसे रहे...तभी राज-काज चलाना आसान होगा।' कुछ निष्पक्ष लोग ऐसा कहते हैं। कितना सच, कितना झूठ पता नहीं।

इधर अपने गांव में विश्राम कर रहे अन्ना हजारे ने जब टीम अन्ना की कोर कमेटी पर हो रहे प्रहारों को सुना तो उन्होंने भी काफी कठोर शब्दों का प्रयोग कर सत्ता पक्ष को खरी-खोटी सुना दी। इस पर भी कुछ ऊंचे पदों पर बैठे लोगों ने उन्हें चेता दिया। कहा कि वे अपनी भाषा को ठीक करें, वरना कुछ भी हो सकता है।

इन सब घटनाओं तथा खबरों को देख-सुनकर कुछ लोगों ने कहना शुरू कर दिया कि यह लोकपाल आना अब संदिग्ध-सा लग रहा है। आता भी है या नहीं। व्हाट नेक्स्ट—वे नहीं बता पाएं, पर अन्ना व सरकार में तालमेल नजर नहीं आता, जो 27 अगस्त को बन गया था।

सरकार तो सरकार ही होती है। उसके बाजू बहुत लम्बे होते हैं। यदि कोई भी सरकार साम-दाम-दण्ड-भेद का फार्मूला अपनाती है तो उसे कोई गलत नहीं मानता। ऐसी आम धारणा है। यदि टीम अन्ना के साथ ही ऐसा कुछ हो तो आश्चर्य नहीं होना चाहिए। हां, यदि लोकपाल अध्यादेश नहीं आया तो बहुत दुख होगा। पूरे देश को दुख होगा। टीम अन्ना को सबसे अधिक होगा।

शम्मी बवेजा–पत्रकार

शम्मी जी का ट्वीट देखिए...उनका इशारा भी काबिलेगौर है। वे लिखती हैं–
''सरकार में बैठे शरारती लोगों के कारण दो बार सरकार को अन्ना के सामने झुकना पड़ा, लेकिन अभी भी वे लोकपाल के मुद्दे पर ईमानदार नहीं।'
यदि वे सच कहती हैं तो ईश्वर ही जाने कि लोकपाल का क्या हश्र होगा।

39

आगे-आगे देखिए होता है क्या

अब कुछ निष्पक्ष लोगों ने खुलकर कहना शुरू कर दिया है कि सरकार ने जन-भावनाओं को देखकर अन्ना हजारे के बढ़ते कद का मूल्य समझा और प्रस्ताव पास कर उनका अनशन खुलवा दिया। जो भरोसा सरकार से उन्हें लिखित रूप में मिला, उसका तो केवल यही अर्थ है कि उनकी तीनों मांगों को भी सरकारी लोकपाल बिल के साथ-साथ कंसिडर किया जाएगा। जब स्थायी समिति विचार करेगी तो अन्ना के जन-लोकपाल को अवश्य ध्यान में रखा जाएगा।

समिति अपना निष्कर्ष निकालने से पहले श्रीमती अरुणा राय (समाज सेविका) के लोकपाल बिल को भी ध्यान में रखेगी। इतना ही नहीं, बहुजन समाज पार्टी ने भी चौथा लोकपाल दे रखा है। इसे भी विचाराधीन मान लिया गया है। पांचवां प्रस्ताव राहुल गांधी का भी कांग्रेस की दृष्टि में है, जिसमें लोकपाल को संवैधानिक दर्जा देने की बात है।

मनीष तिवारी, जिसने अन्ना जी को ऊपर से नीचे तक भ्रष्ट कहा, फिर माफी मांगी। स्थायी समिति से अपनी सदस्यता वापस लेने का निवेदन किया। इसे भी नहीं माना गया। मतलब दिग्विजय सिंह तथा तिवारी के विचार भी स्थायी समिति के कांग्रेस सदस्यों के मन पर छाए रहेंगे। इससे भी लगता है कि अन्ना जी की मंशा शायद ही पूरी हो।

विद्वान लेखक श्री करण थापर ने सरकारी प्रतिबद्धता के बारे में जो निष्कर्ष निकाला, वह इस प्रकार है—

अन्ना जी के दबाव में आकर संसद सैद्धांतिक रूप में उनके मुद्दों पर सहमति दिखने पर राजी हुई, लेकिन प्रस्ताव पारित करने की कोई बात नहीं की।

प्रणव मुखर्जी से पूछें तो वे भी इस बात से इंकार नहीं करेंगे कि संसद की

कोई प्रतिबद्धता नहीं, अभिषेक सिंघवी (स्थायी समिति के अध्यक्ष) से पूछें तो वे भी इसकी पुष्टि करेंगे।

सांसदों की बात करें तो आपको पता चलेगा कि सैद्धांतिक रजामंदी का अर्थ अन्ना के तीन बिंदुओं पर पोजीशन की स्वीकारोक्ति नहीं। सांसद इन्हें बहुत अलग रूप में देखते हैं।

सांसद अधिक-से-अधिक बस यह करेंगे कि लोकायुक्त के मामले पर विधेयक पारित कर दें, जिससे राज्यों को अनुसरण हेतु एक नमूने का कानून मिल जाएगा, परंतु कोई भी या सभी इसे ठुकरा भी सकते हैं। यह बाध्यकारी नहीं होगा क्योंकि संसद संविधान की संघीय संरचना का उल्लंघन किए बिना राज्यों के लिए कानून नहीं बना सकती।

क्या प्राप्ति हुई अन्ना के आंदोलन को?

श्री थापर कहते हैं–

अन्ना की उपलब्धि के सवाल का उत्तर हां और न दोनों में ही है। यदि विवरणों में जाएं तो उत्तर नहीं, परन्तु जहां तक भारत को कर्मशील होने के प्रति जागरूक करने की बात है तो इसका उत्तर निश्चय ही हां में है। क्या कोई इससे इंकार कर सकता है कि अधिक महत्त्वपूर्ण बात यही है।

कांग्रेस महासचिव ने किए कई वार

पूर्व मुख्यमंत्री तथा वर्तमान कांग्रेस के महासचिव अन्ना जी तथा उनके सहयोगियों पर वार करते रहे। बहुत कुछ कड़वा भी कहते रहे, किंतु अनशन के अंतिम दौर में शायद वे पर्दे के पीछे रहे और कोई भी अच्छा या बुरा बयान नहीं दिया। वे रविवार (4 सितम्बर) से खुलकर सामने आए और खूब प्रहार किये। इससे भी लगता है कि कांग्रेस अब अन्ना जी तथा टीम अन्ना को किसी भी प्रकार का अधिमान नहीं देना चाहती, बल्कि उनकी राहों को कठिन कर उनके लक्ष्य की पूर्ति में रुकावटें डालने के तरीके ढूंढ़ रही है। इन हालात में भी नहीं कह सकते कि कथा का अंत क्या होगा। इन हालात में यदि किसी दिन अन्ना हजारे को भी विशेषाधिकार हनन का नोटिस आ जाए तो किसी को भी आश्चर्य नहीं होना चाहिए। यदि ऐसा हो गया तो भी लोकपाल तो जरूर आएगा, मगर यह अत्यंत कमजोर होगा। अन्ना जी का लक्ष्य धरा-धराया भी रह सकता है...बार-बार अनशन करने की क्षमता नहीं रहने देगी सरकार।

बाबा रामदेव का मनोबल भी हुआ धूल-धूसरित

आचार्य बालकृष्ण को संकट में डाल चुकी है सरकार। वे बाबा रामदेव के दायां हाथ हैं। अब अरविंद केजरीवाल को मुसीबत में घेरा जा चुका है। वे भी अन्ना जी के दायां हाथ हैं। यह भी एक कोशिश है अन्ना ग्रुप को झटका देने तथा लोकपाल बिल को मनचाहा रूप देने की।

बाबा रामदेव पर एक के बाद एक केस बनाए जा रहे हैं। उनकी मुसीबतें बढ़ रही हैं। अब उन पर फेरा के बाद, फेमा की पकड़ मजबूत कर दी गई है। उन्हें विदेशियों को बिना जानकारी दिए अपने आश्रय में रखने के एक केस में घेर लिया गया है। जानकार मानते हैं कि इस केस के कामयाब हो जाने पर बाबा रामदेव को पांच साल की सजा हो सकती है। उनका मनोबल गिराने की यह एक मजबूत कोशिश है तथा अन्ना ग्रुप को बड़ी चेतावनी।

दिल्ली में अन्ना के विरुद्ध याचिका

जिस प्रकार बाबा रामदेव तथा उनके साथी एक-एक करके कानूनी शिकंजों में फंसाए जा रहे हैं, अन्ना जी को भी उसी तरह लपेटा जा रहा है। यह काम किसके इशारे पर हो रहा है, यह कहना कुछ कठिन भी है।

भ्रष्टाचार के खिलाफ जारी रहेगी अन्ना की जंग

सामाजिक कार्यकर्ता अन्ना हजारे और उनके सहयोगियों के खिलाफ एक व्यक्ति ने दिल्ली की अदालत में याचिका दायर कर आरोप लगाया है कि उन्होंने सरकार के विरुद्ध लड़ाई छेड़ने का षड्यंत्र किया।

हरियाणा के सतबीर सिंह (60) के महानगर दंडाधिकारी त्यागिता सिंह की अदालत में यह याचिका दायर की। उनकी दलील है कि अन्ना तथा उनके सहयोगियों के खिलाफ मामला दर्ज किया जाए। उनका आरोप है कि अन्ना तथा सहयोगियों ने राष्ट्र को नुकसान पहुंचाया है, इसलिए मामला दर्ज होना जरूरी है।

यदि यह केस चल पड़ा तो भी अन्ना जी को अपना तथा अपने साथियों का बचाव करने में अपना समय तथा शक्ति लगानी पड़ेगी। इससे भी उनके पुराने तथा नए मुद्दों का क्या होगा, राम जाने।

रामलीला मैदान में हुआ कानून भंग

दिल्ली पुलिस ने अन्ना जी तथा उनके साथियों के विरुद्ध पहले ही कानून तथा शर्तों के उल्लंघन के लिए आठ केस तैयार कर रखे हैं। उन्होंने सुप्रीम कोर्ट की स्वीकृति पाने की कोशिश शुरू कर दी है, जैसे ही उन्हें स्वीकृति मिलेगी, ये सारे केस चालू कर उन्हें ऐसा उलझाए रखा जाएगा कि वे अपने वास्तविक मिशन पर पूरा ध्यान नहीं दे पाएंगे। इससे भी उनके जन-लोकपाल तथा तीन मुद्दों का क्या होता है, समझना मुश्किल है।

निशाने पर अन्ना की हुंकार

सम्पादक दिव्य हिमाचल ने पांच सितम्बर के सम्पादकीय में सरकार की मंशा साफ करने की कोशिश की है। कुछ अंश यहां प्रस्तुत हैं–

केन्द्र सरकार और कांग्रेस अपनी पुरानी हरकतों की पुनरावृत्ति कर रही है। सरकार ने अन्ना गुट के खिलाफ अलग-अलग मोर्चे खेल दिए हैं। भूषण के पिता तथा उनके खिलाफ विवादास्पद सीडी का मामला पहले ही सुर्खियों में है।

वित्त मंत्री प्रणव मुखर्जी को सफाई देनी पड़ी कि अन्ना के खिलाफ सरकार कोई साजिश या बदले की भावना से काम नहीं कर रही, लेकिन विभिन्न स्तरों पर मोर्चे खोल देने पर पहला स्वाभाविक सवाल उभरता है कि आखिर सरकार की मंशा क्या है? क्या पोल खोलने या भ्रष्टाचार के खिलाफ आवाज बुलंद करने वालों के साथ सरकार ऐसा ही व्यवहार करेगी ? यदि अन्ना गुट के सदस्यों के स्तर पर कुछ गलत हुआ भी तो क्या सरकार चुपचाप उनसे निबट नहीं सकती थी?

इधर कुछ सर्वेक्षणों के रुझान भी सामने आए हैं। उनके मुताबिक यदि आज ही आम चुनाव हो जाएं तो कांग्रेस को सिर्फ 20 फीसदी और भाजपा को 32 फीसदी वोट मिल सकते हैं। हालांकि यह सच नहीं है, लेकिन देश के कुछ नागरिकों की सोच का संकेत है। लगता है कि अन्ना ने देश की नब्ज को छुआ है। यदि 2014 के लोकसभा चुनावों तक यह संकेत सच में तब्दील होने लगा तो कांग्रेस के पास क्या चारा होगा?

लोकसभा का यह सत्र अन्ना आंदोलन से उपजी स्थितियों की बलि चढ़ जाएगा। बहरहाल देखते हैं कि सरकार को कब सद्बुद्धि आएगी और वह वास्तव में अन्ना के आंदोलन को शांत कर पाएगी... मतलब क्या होगा, कोई नहीं जानता!

बचाव की स्थित में आ रही अन्ना टीम

अन्ना टीम की हो रही किरकिरी पर अन्ना हजारे ने सरकार को रालेगण सिद्धि से 4 सितम्बर को जो चेतावनी दी, वह चेतावनी कम तथा सहयोगियों के बचाव में एक गुहार थी।

अन्ना जी ने अपनी टीम के सदस्यों के विरुद्ध विशेषाधिकार हनन और आयकर बकाए का नोटिस भेजकर गलत संदेश दिए जाने के खिलाफ सरकार को चेतावनी देते हुए कहा कि समाज के सदस्यों को अनावश्यक प्रताड़ित करने से देश में अशांति पैदा हो सकती है।

गांधीवादी नेता अन्ना हजारे ने सरकार पर पलटवार किया। उन्होंने यह भी कहा—'वह जो चाहे कर सकती है, मगर उसे इस बात का ध्यान रखना होगा कि दमनकारी व बदले की कार्रवाई के परिणाम गम्भीर होंगे।'

अन्ना ने कहा कि वे सरकार से अनुरोध करते हैं कि वह प्रतिशोधात्मक रवैया छोड़े और भारत को महाशक्ति बनाने के लिए भारतीयों को एकजुट करे।

अन्ना हजारे ने भावुक होकर कहा कि लोकसभा एक मंदिर है और अगर अपराधी उसमें घुस जाएं तो क्या होगा। उन्होंने कहा कि सरकार से नहीं, उसमें बैठे भ्रष्ट लोगों के साथ उनकी लड़ाई जारी रहेगी।

आप पाएंगे कि अन्ना जी के इन शब्दों में शेर की वह दहाड़ नहीं, जो देश देखता व सुनता रहा है। बचाव में आ रहे अन्ना में वह बात नहीं, विश्वास नहीं, जो 28 अगस्त तक था। इसमें भी लगता कि सरकार उन्हें वह महत्त्व नहीं देने वाली, जो उन्हें देना था।

खुदा ही जाने कि क्या होगा अन्ना के एक बहुत बड़े मिशन का!

40

जनरल का जादू

अन्ना हजारे ने भ्रष्टाचार के खिलाफ जंग को देश की रगों में दौड़ते खून का मानो हिस्सा बना दिया है। भ्रष्टाचार के खिलाफ अन्ना हजारे, उनके सहयोगियों और करोड़ों समर्थकों के संघर्ष को देश के सीमांत राज्य उत्तराखण्ड से वह समर्थन मिला है जिसने न केवल लोकपाल बिल का विरोध करने वालों की चूलें हिलाकर रख दी हैं, बल्कि अन्य राज्यों में भी इस प्रक्रिया को तेजी दे दी है। समय पर लिया गया सिर्फ एक सही फैसला किस तरह बड़े पैमाने पर लोगों की सोच को प्रभावित करता है, इसका उदाहरण देश में सबसे पहले उत्तराखण्ड में लोकायुक्त विधेयक पारित होने की घटना रही। इस पर अन्ना ने कहा, 'भ्रष्टाचार की लड़ाई में आगे चलकर उत्तराखण्ड हैडमास्टर का काम करेगा।'

दरअसल दिल्ली में अन्ना हजारे के बहुचर्चित मौन व्रत की समाप्ति से बहुत पहले कई घटनाएं हुईं। हिमालयी राज्य उत्तराखण्ड के दूसरी बार मुख्यमंत्री बने सेवानिवृत्त मेजर जनरल बी.सी. खण्डूरी ने अपनी मंत्रिपरिषद में लोकायुक्त विधेयक-2011 को मंजूर कराने के साथ ही विधान सभा में भी सर्व सम्मति से उसे पारित करा लिया। इस प्रकार की कार्रवाई करने वाला देश का अग्रणी प्रांत बन गया उत्तराखण्ड। अन्ना हजारे ने उत्तराखण्ड के विधेयक को 100 फीसदी लोकपाल बिल के समान बताते हुए कहा, 'ऐसा दिलेर फैसला लेने के लिए उत्तराखण्ड की जितनी सराहना की जाए कम है।'

4 नवंबर, 2011 को जिस समय अन्ना हजारे दिल्ली में अपना मौन व्रत समाप्त करने वाले थे, लगभग उसी वक्त देश की राजधानी में मीडिया समूह 'इंडिया टुडे' द्वारा आयोजित 'स्टेट ऑफ स्टेट्स' सम्मेलन के उद्घाटन सत्र में पहली बार किसी असरकारी राष्ट्रीय मंच पर केंद्रीय मंत्रिमंडल के सदस्यों, विभिन्न राज्यों के

मुख्यमंत्रियों तथा गणमान्य नागरिकों ने एक गंभीर चर्चा में भाग लिया, 'क्या भ्रष्टाचार का निदान संभव है। मंच पर केंद्रीय मंत्री श्री जयपाल रेड्डी के साथ केवल उत्तराखण्ड के मुख्यमंत्री जनरल खण्डूरी मौजूद थे। जनरल खण्डूरी ने विस्तार से अपने राज्य द्वारा पारित लोकायुक्त विधेयक का विवरण देते हुए कहा, 'भ्रष्टाचार करने के पीछे की सोच को सिर्फ तीन लोग बदल सकते हैं, पिता, माता और प्राइमरी स्कूल का शिक्षक। वे आरंभ से ही बच्चों में अच्छे नैतिक और मानसिक संस्कार डाल सकते हैं। उन्होंने यह भी कहा कि देश में जितने भी बड़े बदलाव आए हैं, सबके पीछे युवा शक्ति का चमत्कार था।

मौके पर मौजूद लोगों ने मंचासीन लोगों से सवाल भी किये। एक ने पूछा, 'काले धन की वापसी के लिये केंद्र सरकार द्वारा जो कोशिशें की गई हैं, उन्हें आप कैसा मानते हैं?' जनरल खण्डूरी ने जवाब दिया, 'ना काफी। बेमन से। बहुत देर से की गयी कोशिशें।' एक सवाल के जवाब में उन्होंने कहा कि देश में जब भ्रष्टाचार के खिलाफ माहौल मजबूत हो जायेगा, तब राजनीतिक दल भी दागदार लोगों से किनारा कर लेंगे।

जिस वक्त यह सम्मेलन समाप्ति की ओर था, उसी वक्त टीम अन्ना और उत्तराखण्ड सरकार के बीच संपर्क सेतु का काम कर रहे 'द संडे पोस्ट' के संपादक अपूर्व जोशी ने फोन करके बताया कि अन्ना उपवास के बाद संसदीय समिति के सामने अपने साथियों सहित पेश होंगे और उसके फौरन बाद उत्तराखण्ड निवास आयेंगे। आनन-फानन में राजधानी का सारा मीडिया चाणक्य पुरी स्थित उत्तराखण्ड निवास पर उमड़ पड़ा। संसदीय समिति की बैठक समाप्त होते ही रात्रि में अन्ना

भ्रष्टाचार के खिलाफ जारी रहेगी अन्ना की जंग

अपने सहयोगियों अरविंद केजरीवाल, किरण बेदी और मनोज सिसौदिया के साथ उत्तराखण्ड निवास पहुंचे और मुख्यमंत्री से मिलकर उन्हें बधाई व साधुवाद देने के बाद मीडिया से मुखातिब हुए।

अन्ना ने पत्रकारों के सभी सवालों के जवाब बेहद साफगोई से दिये और कहा कि एक व्यक्ति के रूप में वह जनरल खण्डूरी की सराहना करते हैं, न कि एक दल के नेता के रूप में। उन्होंने दोहराया कि जो राह उत्तराखण्ड ने देश को दिखाई है, देर-सवेर अन्य राज्यों को भी उस पर चलना होगा।

'खास बात यह है कि उत्तराखण्ड द्वारा पारित लोकायुक्त विधेयक भ्रष्टाचार की जड़ पर ही प्रहार करता है। अव्वल तो किसी भी सरकारी पदारूढ़ व्यक्ति द्वारा यदि समय से कोई कार्रवाई नहीं की जाती, तो लोकायुक्त उसका संज्ञान खुद-ब-खुद ले सकता है।' उत्तराखण्ड के दिल्ली स्थित विशेष कार्याधिकारी-सूचना अशोक कुमार शर्मा बताते हैं कि विधेयक के तहत बड़े-से-बड़े ओहदे वाले व्यक्ति के खिलाफ कानूनी कार्रवाई के लिए लोकायुक्त को किसी से इजाजत मांगने की जरूरत भी नहीं है, चाहे मामला मुख्यमंत्री, मंत्री, विधायक या किसी भी स्तर के अफसर के खिलाफ हो। लोकायुक्त खुद ही कार्रवाई की अनुमति दे सकेंगे। भ्रष्टाचारियों द्वारा अर्जित संपत्ति जब्त करने से लेकर जनता को किसी भी रूप में क्षति पहुंचाने के खिलाफ जब्ती, अवैधा संपदा की कीमत के पांच गुना तक जुर्माने की वसूली, दस साल तक की सजा और दुर्लभ मामलों में आजीवन कारावास की कार्रवाई तक का इस विधेयक में प्रावधान है। लोकायुक्त के चयन से लेकर शक्तियों तक हर प्रावधान में कोई चूक नहीं छोड़ी गई है। लोकायुक्त तथा उनके अधिकारियों एवं कर्मचारियों के संभावित भ्रष्टाचार पर रोक की भी विधेयक में कड़ी और सटीक गुंजाइश रखी गयी है।

भ्रष्टाचार के खिलाफ अपनी जंग का एक बड़ा मोर्चा एक तरह से अन्ना जीत ही गये। अब एक ही सवाल बाकी है कि क्या केंद्र जनरल खण्डूरी के इस जादुई विधेयक को मंजूर करेगा अथवा हमें किसी नये विवाद, नयी बहस का इंतजार करना चाहिए?

■■■

www.ingramcontent.com/pod-product-compliance
Lightning Source LLC
LaVergne TN
LVHW051239080426
835513LV00016B/1670
* 9 7 8 8 1 2 8 8 3 7 2 3 4 *